U0005491

HISTORY OF FORMOSA

圖解 台灣史

好書圖表如畫卷，最是詳盡

讀遍台史好風光，讚聲連連

更新版

台灣史大破解

9大章節 從石器時代到當下，一本掌握

200張彩圖 最具代表性的古蹟、人物，盡收眼底

50個小百科BOX 側寫重要人事地物，吸收歷史冷知識

王御風 著

目錄
Contents

導論 如何弄懂台灣史 4

首篇 史前時代的台灣 南島民族的天下
1. 台灣的考古遺址 6
2. 南島民族的起源 21
3. 平埔族與原住民 23
4. 史前時代的台灣與中國 29

第二篇 大航海時代 迎來福爾摩沙之名
1. 荷蘭、西班牙人飄洋過海來台灣 36
2. 荷蘭占領澎湖做什麼？ 39
3. 鄭芝龍與荷蘭的海峽爭奪戰 41
4. 統一全台：荷蘭人與原住民 44
5. 荷蘭治台的兩大城堡：熱蘭遮城與普羅民遮城 46
6. 西班牙人為何搶灘北台灣？ 48
7. 郭懷一事件：荷蘭人與漢人的衝突 50
8. 鄭成功與荷蘭的大戰 51

第三篇 鄭氏海上王朝 拓荒、屯兵與文教
1. 擊敗荷蘭人的混血英雄：鄭成功 54
2. 鄭成功的傳說與廟宇 62
3. 唯一反攻大陸的台灣領袖：鄭經 66
4. 傳說中的天地會總舵主：陳永華 71
5. 明鄭士兵開墾的土地 74
6. 鄭氏王朝的滅亡 76
7. 充滿荷蘭、明鄭遺跡的台南市 78

第四篇 上朝不太管的地帶 移民的新世界
1. 施琅與台灣：消極治台的建立 80
2. 台灣人的祖先是偷渡客：原鄉、羅漢腳與械鬥 83
3. 清代台灣三大民變：朱一貴、林爽文、戴潮春事件 88
4. 台灣人的開墾與商業精神 92

第五篇 寶島大家搶 清末台灣的強化建設
1. 洋鬼子來了：開港與外國傳教士 96
2. 日本侵台的先聲：牡丹社事件 102
3. 火車、砲台、電報：台灣建省與自強運動 104
4. 被割讓的孤臣：甲午戰爭與台灣民主國 109

第六篇 太陽旗下的逆光 日治台灣事件簿

1. 《六三法》到《法三號》：台灣總督府的建立 *111*
2. 日治時期的武裝抗日：林少貓、噍吧哖與霧社事件 *114*
3. 打造殖民台灣的後藤新平 *118*
4. 邁向現代化：日本政府在台灣的建設 *123*
5. 文化抗日：台灣議會請願運動與台灣文化協會 *127*
6. 大戰下的台灣：工業化、南進政策與皇民化運動 *136*

第七篇 國府遷台的大撤退 從止戰紛亂到綏靖

1. 台灣光復：台灣接收與國府治台 *143*
2. 戰後首次選舉：參議員選舉 *147*
3. 二二八事件：美好幻想的破滅 *149*
4. 一九四九大撤退：國府來台 *155*
5. 國民黨政權的確立：國民黨改造與地方選舉 *161*
6. 從小島再起：蔣中正的台灣歲月 *167*

第八篇 戰後台灣社會的擺盪 告別威權，展臂開放

1. 白色恐怖的時代：匪諜就在你身邊 *174*
2. 民主的封殺：雷震與自由中國案 *179*
3. 大戰再起：八二三砲戰 *181*
4. 從美援到加工出口區：台灣經濟奇蹟的誕生 *183*
5. 從蘇聯到台灣：蔣經國時代 *188*
6. 中壢事件、美麗島事件：民主運動的興起 *195*

第九篇 解嚴之後 台灣式的快轉變革

1. 第一位台灣總統：李登輝 *202*
2. 飛彈下的總統：第一次總統民選 *210*
3. 解嚴之後：台灣社會的快速變動 *212*

第十篇 新世紀的台灣 政黨輪替與社會運動

1. 藍天與綠地：政黨輪替下的台灣政治 *216*
2. 從全球化到中美對抗：中美台的三角關係 *223*
3. 新觀念、新思維、新挑戰：極度變化的台灣產業及社會 *229*

書末附台灣史大事記

如何弄懂台灣史 /王御風

　　台灣是個特殊的島嶼，有文字記載的歷史約莫只有四百年，比起鄰近的中國、日本，其時間相對較為簡短，但複雜性卻不遜於這些地區，最主要的原因是台灣的政治及族群結構相當複雜。未有文字記載前，南島民族已活躍在島上，有文字記載後，四百年來統治過的國家包括遠從西方來的荷蘭、鄰近的中國（大清帝國）、日本，與從中國撤退來台灣的中華民國（國民黨政府），以及西元2000年民主化後，中華民國進入政權輪替的民進黨政府及國民黨政府。要瞭解台灣史，最重要就是弄懂這些政權所代表的意義。

　　短短四百年間，台灣歷經五次的政權轉換，除了大清帝國維持了兩百多年統領外，其他政權存在時間多半僅維持約五十年（如日本政府從西元1895年到1945年，剛好五十年，中華民國從西元1945年接收台灣到2000年首次政權輪替，則是五十五年），幾乎每隔半世紀，台灣人民就要面臨一次政權轉移，對台灣人民的生活、社會，均有巨大的衝擊及變化。例如從大清到日本再到中華民國，人民所使用的文字及語言，從中文到日文，再回到中文，一家三代不僅使用的文字語言不同，國家認同亦截然不同，也造成日本投降時，兒子目睹爺爺欣喜、父親痛哭失聲的現象。

　　而這座島嶼上的統治者，還代表著個別特色的思維：四百年前的南島民族，必須從南島民族在全球的遷徙談起；荷蘭所代表的是西方地理大發現後的殖民思潮，如果不從地理大發現談起，很難以去瞭解

為何荷蘭跟西班牙，要千里迢迢來到台灣；大清帝國代表著傳統中國的最後光榮時光：以農業為主、不願與世界溝通；日本統治者則是殖民主，對待台灣的方式，一切都是從日本為主來思考；中華民國撤退來台灣後，在民主與共產對峙下，選擇站在以美國為首的民主陣營。

不瞭解這些意涵，便很難去理解台灣的變化歷程。例如台灣原本是個以商業起家的地方，但商業的進行，隨著各個統治者來歷之分別而有差異：在荷蘭時代，是西方進行轉口貿易的一環，是荷蘭全球貿易的一站；在大清時期，因為不與外國通商，因此限於經營兩岸貿易，直到1860年重新開港，又再度成為外銷重鎮；到了日本時期，一切以日本母國需要為重；直全中華民國時期，則在富裕美國支持下，成為代工外銷大國。若不搞懂這些政權背後的意義及其影響何在，就會心生困惑，覺得為什麼同樣的事情一直變來變去，而這正是台灣史複雜及其吸引人之處。

也因此，一般的台灣史敘述，多是順著時間軸線，以不同統治者作為分界，本書亦不例外。但是在閱讀時，提醒您可得時時注意這些變動政權帶來的差異性，一旦掌握住此要點，台灣史也就不再困難、教人卻步了。

由於政權的複雜，本書為求敘事連貫，所有的年代均採西元紀年。而為了方便大家閱讀，亦不多作註解，只將每章參考書目列於最後，並按每節順序排列，在此先行說明。

史前時代的台灣
南島民族的天下

1. 台灣的考古遺址

　　如果有一天，我們對居住在這塊土地上的祖先感到好奇，究竟他們每天在做些什麼？曾經留下什麼？要解決這些問題的最簡單方法，就是翻開記載他們事蹟的歷史書，上面會告訴你，先人們的豐功偉業

小米歲時祭儀

原住民搗米圖　　欲了解咱們所生長的這塊土地——寶島台灣，就得從台灣的原住民談起，他們是這塊土地上最初的老祖先。（王正翰攝影）

以及生活點滴。

　　但是，我們都知道，人類並不是一開始就會寫字，在經過長久的摸索之後，才發明了文字，將生活中的大事，利用文字記載下來。這些文字，我們稱呼它為「歷史」，能夠藉由「歷史」得知事情的時代，便喚做「歷史時代」；在文字還未發明、沒辦法記載歷史的時代，就叫做「史前時代」，也就是「歷史之前」的時代。

　　在台灣，「歷史時代」要從荷蘭人到台灣、帶來文字之時開始算起，距離今天約莫四百年左右。在此之前，居住在台灣的居民，並沒有留下文字的記載，告訴我們有關他們的生活種種。在這種情形下，我們唯能仰賴考古學家發掘他們的遺跡，語言學家四處蒐集他們留下來的傳說，以及鄰近的、早已有文字的中國等地對他們的觀察和記錄。將這些綜合整理後，我們可以得到一個大概的推測，描繪出老祖先們在台灣的活動景況。

與大陸連接的海島

　　地質學家告訴我們，在最早的冰河時期，台灣是中國大陸的一部分，冰河消退後，台灣與中國大陸間才浮現台灣海峽，將台灣與中國大陸分隔開來。

　　在台灣與中國大陸相連的時期，許多西側大陸上的動物、人類都很自然地跑入台灣。這種由大陸進到台灣來，後來因為海面上升而無法回到大陸的人類，目前發現最早的是在台南縣左鎮地區的「左鎮人」，考古學家研判他們的年代大約距今三萬年到兩萬年前。除了左鎮人之外，在東部及恆春半島陸續發現的「長濱文化」與西海岸苗栗一帶的「網形文化」，都是當時代表的文化類型，也是台灣最早人類所建立的文化。

　　除了「長濱文化」，考古學家在全台各地還陸續發現了許多種不同的文化類型，根據他們使用的石器及文化發展的程度，為這些許許多多的文化排出先後，這些不同文化的老祖先，有的是「長濱文化」後代，有的則是從其他地區遷徙到台灣來。到最後留在台灣的，是南島民族的平埔族及高山族。我們將順著時間的早晚，從最早的「長濱文化」介紹起。

長濱文化

　　一百八十萬年前到一萬年前的

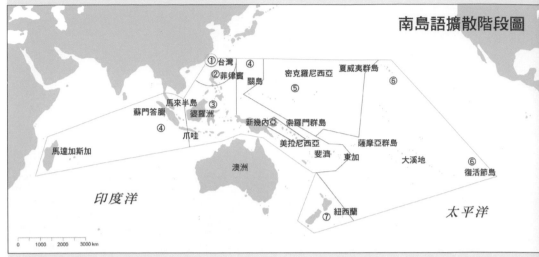

南島語擴散階段圖

①台灣　④
②菲律賓　關島
　　密克羅尼西亞　夏威夷群島　⑥
⑤
馬來半島　③
蘇門答臘　婆羅洲
④　爪哇
新幾內亞　索羅門群島
美拉尼西亞
馬達加斯加　斐濟　東加　大溪地
⑥
復活節島

澳洲

紐西蘭　⑦

印度洋　　　　　　　　太平洋

0　1000　2000　3000 km

資料來源：李壬癸《台灣南島民族的族群與遷徙》，頁66，1997（重繪）。

① 4000 B.C.　⑤ 200 B.C.
② 3000 B.C.　⑥ A.D. 300~400
③ 2500 B.C.　⑦ A.D. 800
④ 1200 B.C.

更新世，屬於冰河時期，全世界氣溫持續下降，相當寒冷，許多地方的海面變成了冰原，可供人們在上面行走。今日阻隔在台灣與中國大陸之間的台灣海峽，在那時期也變成了動物可以行走其間的陸地。當時生長在中國大陸的劍齒象、普通象、犀牛、劍齒虎、古鹿、野牛，都紛紛跨過海峽來到台灣島，所以考古學家很早就推斷，此時期之內應該有許多住在中國大陸的人類為了追逐這些視作食物來源的動物群，同樣的跨越海峽地帶，來到台灣島。

這項推論，一直到1968年才獲得證實，由台灣大學人類學系教授宋文薰及地質學系教授林朝棨率領的考古隊在台東縣長濱鄉面臨太平洋的海蝕洞穴中進行了五次的挖掘工作，結果在其中四處洞穴：潮音、海雷、乾元及崑崙洞的底部發

台灣梅花鹿

　　台灣梅花鹿為台灣的特有種，其主要棲息地是兩百公尺以下的草原、丘陵及山麓地區。在荷蘭人及漢人還沒來到以前，梅花鹿遍佈在台灣各地，但荷蘭人來到台灣後，因為鹿皮受到日本的歡迎，成為台灣重要的輸出品，於是大量捕殺，使得台灣梅花鹿急速銳減，不太容易見其蹤跡，1969年後甚至從野外消失。為避免此一台灣特有種消失，近年來在墾丁國家公園及台北市立動物園進行復育，已經有一定成果。

現大量古代人類使用過的器具。

這個文化，是目前我們所知道台灣最古老人類所創造的。他們居住在台灣南部及東部，因為最早的遺跡是自台東縣長濱鄉的八仙洞挖掘出來，所以目前均以「長濱文化」來稱呼。

「長濱文化」老祖先留下來的遺物多半是十分簡單的石器，他們撿拾海邊天然的石頭，經過敲打後，利用這些石頭鋒利的邊緣，用來做切肉、割魚、砍樹、削木頭等工作。有時他們也會把獸骨削尖磨利，製作成捕魚的魚叉、釣鉤，或是縫衣的骨針。

根據考古學家的判斷，「長濱文化」的老祖先們最早可能於五萬年前就已經在台灣活動了，而且一直持續到五千年前才消失，在台灣生活的時間相當長。

考古學家將全世界人類社會的古代歷史，根據當時人類製造工具時所使用的材料，分為三個階段，依序是石器時代、青銅器時代和鐵器時代。這三段時期，其中時間最長的是石器時代，自二百五十餘萬年前起，持續至一萬年前（或至兩三千年前）；考古學家因此又以石器製作的方式將這段漫長的時期，先後分為舊石器時代（二百五十萬

年前至一萬年前）及新石器時代（一萬年前至二、三千年前）。在舊石器時代，人們是使用敲打的方式來製作石器，新石器時代則是用研磨的方式來製作。台灣最早的「長濱文化」便屬於舊石器時代的文化，利用敲打方式來製作石器。

考古學家雖然陸續在全台各地發掘到「長濱文化」的遺址，但卻沒有發現當時的人類遺骨。直到1971年，台灣大學宋文薰教授，與台灣省立博物館的一組研究人員前往台南縣左鎮鄉察看當地菜寮溪最新發現的犀牛化石時，無意間在一位收藏家郭德鈴先生收藏的化石中，發現了一片人類右頂骨殘片的化石。

同一年，日本古生物家鹿間時夫教授也在另一位收藏家潘常武先生的化石收藏品中，找到一片同一地區的人類左頂骨，這兩片化石經過鹿間教授鑑定後，確定他們是大約三萬年至兩萬年前的人類，也是台灣截至目前為止可追溯的最早人類，因為是在左鎮發現，故稱之為「左鎮人」，但是在當地並沒有發現「左鎮人」的生活遺跡，因此我們並不清楚「左鎮人」實際的生活情形，然而依據「左鎮人」存在的時間研判，「左鎮人」應是屬於

左鎮口社寮阿立祖祭壇

左鎮鄉始祖以平埔族人居多，其一大特色是族人信奉阿立祖壺神，圖為左鎮口社寮阿立祖祭壇與祭品。（均為戴子堯攝影）

「長濱文化」的一支。

　　由於左鎮鄉的菜寮溪河谷，曾經發現大量的古代動物化石，因此這位台灣最老的祖先，應該是從中國大陸追逐著動物，越過台灣海峽，而來到台灣，同樣是屬於「長濱文化」。

　　到了約一萬年前，更新世結束之後，地球的溫度升高，冰河也漸漸融化，海水跟著上升，形成今日這道台灣海峽，台灣就此又變回了孤島。隨著氣候的變化，世界上的文明也進入另一個新階段，原本人類只靠狩獵和採集果實維生的舊石器時代，轉變成為從事農耕技術的新石器時代。但生活在台灣島上的老祖先，由於台灣島被海水隔絕，因此他們還是一直過著舊石器時代

的古老蠻荒生活，直到七千年前從中國大陸另一批人類渡海而來，才把新石器時代的文明帶到台灣來。

大坌坑文化

　　進入新石器時代之後，中國大陸東南部的居民生活有了大幅的改變，他們學會了較先進的農耕、織布及陶器的製作。這些居民，在大約七千年前渡過台灣海峽，來到台灣，並將這些技術帶來台灣，由於他們的遺物最早是在台北縣八里鄉附近的「大坌坑」發現，因此這個文化就被稱為「大坌坑文化」。

　　大坌坑文化老祖先來到台灣時，和原本就住在台灣的長濱文化老祖先一起和平共存，後來長濱文

化老祖先相當羨慕大坌坑文化老祖先會種田、織布、製作陶器，於是向他們學習。久而久之，長濱文化就被大坌坑文化所同化，長濱文化大約在五千年前消失，台灣僅存大坌坑文化。

「大坌坑文化」最著名的特點是首度將製陶的技術引入台灣，這些陶器可以用來裝水或煮東西，相當方便。由於剛剛學會製陶，所以技術尚不純熟，他們所燒製的陶器大多粗糙鬆散，質地含砂，顏色自橘紅到深褐都有，這種陶器最有名的地方，便是陶罐上的花紋——老祖先們將他們用纖維做成的繩子，圍繞在拍版上頭，在陶器表面拍出花紋，這些陶器遂被稱作「粗繩紋陶」。

大坌坑文化老祖先主要居住在海邊台地、湖岸階地或沙丘上，孕育出一個適應海洋、河口和河湖天然環境的文化。目前主要發現遺跡的地方，有台北縣八里鄉的大坌坑、高雄縣林園鄉鳳鼻頭、台南縣歸仁鄉八甲村、澎湖縣湖西鄉果葉遺址等。

他們的食物來源主要還是靠捕魚、打獵以及採集海岸或水邊生物，但他們已學會了最基本的農耕方式，種植一些芋類、山藥等根莖

出草

台灣原住民獵首習俗稱為「出草」，獵人頭的行為在世界原始部落十分常見，南島語系民族亦不例外。台灣原住民獵人頭的原因來自於多方面，有作為解決紛爭的方式，或是獻人頭於神以求生活平順的宗教作用，或是作為部落地位的提升標準，一般獵人頭活動多安排在收穫之後，結隊成行，且有種種禁忌與規定須遵守，獵人頭活動結束後的慶祝儀式更成為部落聯絡交誼的盛典。

作物。其農耕方式屬於最原始的遊耕，由於這種農耕方式相當原始而且費力，大約半年才能收成一次，因此從這裡獲得的食物，並不能充分供應每天需要的食物，所以大坌坑文化老祖先仍靠狩獵、採集為主要食物來源管道。

「大坌坑文化」基本上比起「長濱文化」可謂有長足的進步，也讓台灣島上居民的文化向前邁進一大步。

根據考古學家的研究，在漢人移民占地以前，居住在台灣島的老祖先，雖然來自不同地方，但都屬於「南島民族」。這個民族所講語言與漢民族不同，是一支擅長航海的民族，目前一般人推斷他們最早出現於亞洲東南部，緊接著渡海來到台灣，以台灣為第一個跳板，

經過菲律賓、爪哇、蘇門答臘、新幾內亞、夏威夷、馬達加斯加島，最後到達紐西蘭。這個航海技術超強的民族，現今在台灣仍然有他們後代的存在，目前的原住民同胞，就是與漢人截然不同的「南島民族」。

由於「南島民族」沒有文字與歷史留下，因此「南島民族」究竟從哪裡來，一直是考古學家與民族學家努力想要破解的謎題。從許許多多的線索看來，「大坌坑文化」老祖先極有可能是「南島民族」最早闖蕩台灣的開路先鋒。

圓山文化

台灣先住民文化中有一項相當重要的特色，就是在不同的地區出現各個不同的文化型態，之所以會如此，最主要是因為「南島民族」是由各地遷移到台灣，因此他們帶來各種不同的文化。這種特色從新石器時代中期開始出現，我們可以根據不同的文化特點，將新石器時代的文化大致分為圓山文化及繩紋紅陶文化兩種。

「圓山文化」老祖先大約在四千多年前來到台灣，據推斷，這個文化可能是從廣東沿海渡海來到台灣，遺址多半分佈在淡水河下游、新店溪，以及大嵙崁溪中游，在台北的圓山、大坌坑、芝山岩、關渡等地都有發現他們活動的蹤影。

考古學家告訴我們，在圓山文化老祖先到台灣北部居住的時候，今日的台北盆地可是一片大湖泊。

圓山文化老祖先非常懂得利用水邊的資源，他們不僅居住在湖邊，而且在水邊捕魚、撈貝，

南島民族木舟

南島民族是個擅長航海的民族，圖為蘭嶼雅美族人使用的木舟。（戴子堯攝影）

作為平日主要的食物。

貝類是圓山文化老祖先平常喜歡吃的食物，吃完以後，剩下的貝殼也相當整齊的丟在「垃圾堆」中，這個垃圾堆除了貝殼之外，還有許多史前人類的廢棄物。經過數千年時光之後，因多半是貝殼而被稱為「貝塚」的古代遺址，在圓山兒童育樂中心被發現，這座「圓山貝塚」就成為圓山文化最著名的遺址。

圓山文化住民的日常食物來源是農耕，同時也曉得種植稻米，不用像大坌坑文化住民那樣必須每天到山裡、海邊，

淡水河口

「圓山文化」的老祖先大約在四千多年前來到台灣，遺址多半分佈在淡水河下游、新店溪等地，圖為淡水河口一景。（王正翰攝影）

台北圓山

史前時代，台北曾是一片鹹、淡水交接的大湖泊，而圓山在當時即為一座小島嶼。（王御風攝影）

恆春鎮墾丁　「繩紋紅陶文化」是台灣史前文化中分佈最廣的，圖為代表性遺址分佈地之一的恆春鎮墾丁一景。（王御風攝影）

為了三餐打獵、漁撈，生活相對輕鬆許多。石器製作技術也比以前更精細，顯示圓山文化比起大坌坑文化進步許多。

繩紋紅陶文化

新石器時代中期，北部著名的文化是圓山文化，其他地區則是所謂的「繩紋紅陶文化」。這個文化是台灣史前文化中分佈最廣的，年代約在四千五百年前到三千五百年前，其代表性遺址有台中縣清水鎮牛罵頭、南投縣草屯鎮草鞋墩、台南縣仁德鄉牛稠子、高雄縣林園鄉鳳鼻頭、屏東縣恆春鎮墾丁和鵝鑾鼻、花蓮縣壽豐鄉鹽寮、台東縣東河鄉漁橋，有些學者依照各地區代表遺址稱為「鳳鼻頭文化」、「牛稠子文化」、「牛罵頭文化」或「草鞋墩文化」。

顧名思義，繩紋紅陶文化最著名特色來自陶器式樣，其陶器外表為紅色，並以細繩紋作為主要裝飾。目前考古學家根據許多資料推論，位於台灣中南部的繩紋紅陶文

化是由中國大陸傳入台灣，在中國沿海的「龍山形成期文化」由中國北方不停遷徙，到達浙江形成「河姆渡文化」、福建形成「曇石山文化」，並渡過台灣海峽，形成了台灣的「繩紋紅陶文化」。

從中國傳入的繩紋紅陶文化，也帶來了農業文化，在許多地方發現的陶片遺址上，有相當明顯的稻殼印痕，還有些遺址也發現花粉的遺跡，證明此時已有農業生產，但最重要的食物來源仍靠打獵與漁撈。由於有了農業的發展，繩紋紅陶文化老祖先們居住的地點由海邊漸漸往內陸遷移，這也讓人類在台灣地區活動的範圍越來越擴大。

新石器時代中期與早期比較起來，這個時期遺址的規模較大、堆積較厚，表示在當地定居的時間比較久，屬於長期定居性的原始聚落。而農業也漸漸發達了，無論是從各地遺址發現的稻殼痕跡，或者是出土工具中農具所占的比例，都在在說明了農業在新石器時代中期雖然還不能完全取代打獵與漁撈，但已比新石器時代早期有了長足的

惠來遺址現場挖掘照片

位於台中市七期重劃區的惠來遺址，最早可溯至距今3600年的史前繩紋陶器時期，迄今所發現古文物者來自牛罵頭、營埔、以及漢人等四個文化層，未來此地區將規劃為惠來遺址公園。（台中市文化局提供）

進步。

麒麟文化

距今三千五百年前到兩千年前之間，台灣進入新石器時代晚期，在北部有延續圓山文化的植物園文化，中部的營埔文化及南部的大湖文化則來自於繩紋紅陶文化，東部則有目前仍不知來源的麒麟文化及卑南文化。

這時期各方面的進步都相當快，農具製作得更大，表示農業已變成了主要的生產方式，再加上海水後退所露出的廣大平原海階，讓生產能力大為提升，因此人口逐漸增加，聚落所居住的人越來越多，而且居住的地點也從海邊平原慢慢向山地遷移。

各項器具的製造，也越來越進步。陶器演變成為精美的彩陶、黑陶，外型亦有相當的變化。卑南文化產生相當多精美的玉器，還有石棺。人口的增加，再加上各項器具

麒麟文化石柱遺址　「麒麟文化」，又稱「巨石文化」，是台灣東部新石器文化的代表之一，其最大特色是有許多人工雕琢的巨石遺物，包括了岩棺、石柱、石像等。考古學家推測這些巨石與宗教祭祀等儀式有關。（王御風攝影）

的進步，使得這時期出現了初步有組織的社會，可能在各部落間已有聯盟及聯盟領袖的產生，以及戰爭行為的發生。

新石器時代晚期，台灣最著名的文化位於東部，存在兩種不同的文化，一個叫做「卑南文化」，另一個叫做「麒麟文化」。「麒麟文化」又稱「巨石文化」，主要分佈在東部海岸山脈東面山麓邊緣，北起花蓮縣秀林鄉的太魯閣，南到台東縣成功的都蘭，以成功鎮的麒麟遺址為代表。

這個文化最大的特色就是有許多巨大的石柱、石像、岩棺、岩壁、單石等，為數眾多的排列在一起；根據考古學家的研究，這些巨大的石柱與日常生活無關，應該是為了祭祀或其他特殊的宗教原因才豎立的。由於中國大陸沿岸並沒有類似的文化，因此考古學家懷疑這可能是由中南半島傳入的文化。

卑南文化

除了「麒麟文化」外，同時期存在東部花東縱谷、海岸山脈南段東麓、台東平原、太武山東麓的「卑南文化」，則是更重要的新石器時代晚期文化。

1980年7月，當南迴鐵路開始大規模動工，在台東縣卑南山東南山麓，預定興建台東新站的地方，挖出了大規模的房屋遺跡及石板棺，同時又發生許多民間盜挖事件，引起全國的注目。政府決定停止當地的施工，委請台灣大學宋文薰及連照美兩位教授主持考古隊進行搶救和挖掘遺址，到1989年共挖掘了十三次，挖出了許多古物。

因為這裡所蘊含的古物過於豐富，因此政府於1990年決定在此地成立國立台灣史前文化博物館，將此地規劃為一座考古公園，期望與民眾分享卑南遺址豐富的成果，並且讓大家知曉老祖先們生活的方式。因此到了台東的時候，千萬別忘了去參觀這座博物館。

卑南文化最引人注目的技術，是他們的玉器及石棺製作。卑南文化對埋葬親人，發展出了一套複雜的儀式，顯示他們的社會有一定程度的組織；在親人死後，他們要到離家相當遙遠的深山中，搬回大塊石板，再經過加工磨製後，把石板做成適合的形狀，放進挖好的坑中，拼湊成石棺。

家屬在埋葬死者時，會為他配上各種玉飾，並將許多生活器具放入一起陪葬，依據死者身分的不

卑南文化考古現場遺址

卑南文化遺址規劃為一開放性的考古現場供民眾參觀，其中出土的遺物包括大量的石器、石片、陶片、石棺等，可以想像遺址曾有過的繁盛人口。（孫瑩萱攝影）

卑南文化——石梯

上圖為卑南文化遺址出土的石梯，可看見其保留的形狀仍十分完整。（孫瑩萱攝影）

卑南文化公園

卑南文化公園是以展示卑南遺址為中心設立，是全台首座和唯一現地保存最完整的史前遺址公園。（孫瑩萱攝影）

同，陪葬品也有所差別，顯示出當時已有社會階級的生成。

卑南文化老祖先將他們的親人埋葬在住家附近，考古學家就在遺址挖出了密密麻麻的兩千多副石棺，顯示在新石器時代晚期，社會發展已然到達十分成熟的階段，聚落的規模也相當廣大。

十三行文化

在兩千年前，台灣正式邁入了鐵器時代，鐵器晉身為主要的工具。這個時期的文化，包括北部的十三行文化、中部的番仔園文化、大邱園文化、南部的蔦松文化、東部的靜浦文化，其中最有名的是以台北縣八里鄉為主的「十三行文化」。

十三行文化遺址位於台北縣八里鄉淡水河口，1988年開始進行挖掘，但該地於1989年被劃為汙水廠建築用地，學術界展開搶救挖掘，許多社會團體也展開抗爭，最後保存部分區域，並設立十三行博物館展示挖掘成果。

十三行文化與以往文化最大

十三行博物館考古塔

十三行文化遺址是台灣北部重要的考古遺址之一，挖掘出陶器、鐵器、墓葬等各類豐富的史前遺物，是目前台灣唯一確定擁有煉鐵技術的史前文化。目前在該遺址旁設有十三行博物館。（十三行博物館提供）

台灣史小百科

台灣名字的由來

我們居住的這個島嶼，為什麼叫做台灣？最早葡萄牙人稱呼台灣為「福爾摩沙」，就是美麗寶島的意思，而中國則隨著時代不同，稱呼台灣為夷洲、流求等。最後演變成台灣，主要是當時荷蘭人來到台灣時，其所建城堡的地方是「大員」，這可能是當地西拉雅人稱呼該地的地名，真正的意義不詳，後來又因音同轉為「台灣」（以閩南語發音）。隨著荷蘭勢力擴及全台，「台灣」慢慢成為這個島的統稱，1684年，清廷統治台灣後，在此設立「台灣府」，台灣就成為這塊地方的名稱。

的不同，在於十三行文化遺留中出現金屬及玻璃製品。由於台北縣八里到福隆之間，有鐵砂礦的蘊藏，十三行文化老祖先發展出了煉鐵煉造的技術，因此常見各種鐵製器具，像鐵斧頭、鐵刀、鐵釘。這些鐵製品無論在狩獵或製作器具，都更加方便進步。

由於鐵器發達，石器和陶器的數量跟著減少許多，陶器是以紅褐色夾砂陶為主，上面的紋飾多為幾何印紋。這種幾何印紋與東北部的平埔族凱達格蘭族的陶器印紋有如翻版般相似，而凱達格蘭族的活動範圍和十三行文化所發掘的結果也大致雷同，因此許多學者都認為十三行文化應與凱達格蘭族有一定程度的密切關係。

實際上，鐵器時代這些文化的社會組織，與漢人來台之前的平埔族、高山族頗為類似，各個聚落之間不但有結盟的情形，也時常爆發互相戰鬥的事件，在十三行文化遺址附近就發現了不少受傷致死及無頭的遺體。這些聚落的活動範圍更加擴張，許多聚落為了追逐野獸而向更深山移入，也有許多聚落和海外其他民族有生意往來，例如在許多遺跡中，就發現了中國明代的瓷器。因此這些鐵器時代的文化，與台灣的先住民包括平埔族、高山族應有密切關係。

台灣史前文化時空分佈示意圖

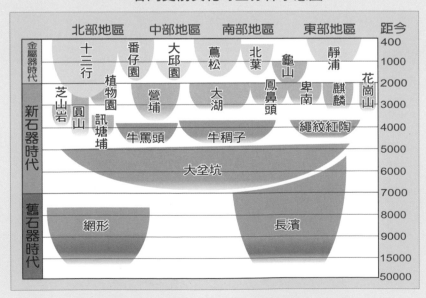

	北部地區	中部地區	南部地區	東部地區	距今
金屬器時代	十三行	番仔園　大邱園	蔦松　北葉　龜山	靜浦	400 / 1000
新石器時代	植物園　芝山岩　圓山　訊塘埔	營埔　牛罵頭	大湖　鳳鼻頭　牛稠子	卑南　麒麟　繩紋紅陶　花崗山	2000 / 3000 / 4000
		大坌坑			5000 / 6000 / 7000
舊石器時代	網形		長濱		8000 / 9000 / 15000 / 50000

2. 南島民族的起源

　　前面所說的史前時代歷史，是依據考古出土遺址所作出的推論，而這些遺址的主人和我們現在占多數的漢人不同，他們屬於「南島民族」。之所以叫做「南島民族」，是因為他們的語言同樣屬於「南島系」語言，主要分佈在太平洋、印度洋的一些島嶼中，包括菲律賓、印尼、馬來西亞、夏威夷、紐西蘭、台灣等。

　　我們經常可以聽到，原住民中某一族，跟菲律賓某個地區的居民經過DNA比對，居然系出同門，或是在紐西蘭的原住民語言中，發現與我們某個族的字彙相通。這些種種，都說明南島民族分佈之遼闊，而台灣的南島民族，也跟其他地區的南島民族，或多或少都有些關連。

南島民族航海　南島民族為一航海技術精湛的民族，圖為雅美人乘木舟出海航行的畫面。（戴子堯攝影）

矮靈祭的傳說

矮靈祭是賽夏族最重要的祭典，其由來有個傳說：據說以前在賽夏族旁邊，居住著一群個子矮小可是相當聰明的族群，這個矮人族教導賽夏族耕作、舞蹈與祭典，受到賽夏族人的尊敬。但後來矮人族調戲賽夏族婦女，引起賽夏族人不滿，因此密謀在一次祭典中將矮人族全部灌醉。除了三位長老外，其餘的矮人族均掉落潭中淹死，三位長老臨死前詛咒賽夏族，除非賽夏族定期舉辦祭祀矮人亡靈的祭典，否則將降下災禍。賽夏族為安撫亡靈，便開始了兩年一次的矮靈祭。

日治時期紋面的泰雅族婦女

（好讀出版資料庫）

從南島民族分佈範圍的廣闊，就知道這是一支航海技術精湛的民族，但南島民族沒有文字，所以我們對於他們從哪裡開始？怎麼遷徙？……這些基本的問題完全不清楚，只能靠語言學跟傳說等，配合考古資料，慢慢摸索，但也只能尋獲一個輪廓，要還原到事實的真相，恐怕不太可能。

經過多年的考證後，台灣被認為是南島民族的重要據點，許多南島民族都是透過台灣移往他地。甚至有人主張南島民族的起源地就是台灣，所有南島民族的祖先最早就居住在台灣，後來才遷移到其他海島。這套說法，越來越多人接受，如果未來的學者有辦法證明確實如此，台灣便可說是南島民族的發源地。

無論台灣是否為南島民族的發源地，南島民族已然融入台灣族群，因此瞭解南島文化，也可算身為台灣人的必修課程。近年來，各地區都會舉辦「南島文化節」，邀請其他地區的南島民族到台灣來表演，下次經過時，可別以為這只不過是外國來的表演團體，要知道這些民族可與台灣有密切關係呢！

3. 平埔族與原住民

在台灣，南島民族大概可分為兩部分：一是仍居住在此的原住民，另一是多半已被同化的平埔族。兩者最大的差別，是原住民多半居住在深山中，而平埔族則居住在平地，故原住民原本被稱為「高山族」。當漢人來到台灣後，住在平地的平埔族，成為漢人占領土地的目標，漢人想盡各種方式，把平埔族趕離他們原先的家園，後來就逐漸消失或被同化。至於現今的原住民，因居住在山中，加上清廷對其特別保護，現在還能維持部分傳統文化。

平埔族概況與分佈

清代漢人多半是偷渡者，男多於女，所以也有許多漢人娶了當地平埔族為妻，這也是俗諺：「有唐山公、無唐山嬤」的由來（有唐山來的男性祖先，但不見唐山來的女性祖先，因為女性祖先多半是平埔族），這些平埔族不僅土地被漢人搶走，也由於沒有文字，隨著下一代認同漢人文化，慢慢地，他們就消失在台灣歷史記載中。但實際上，只要是清朝移民來台的家族，其家族成員中或多或少均會混有平埔族

百步蛇圖騰

人像紋與百步蛇紋可以稱作是台灣原住民最具代表性的圖紋象徵，尤其百步蛇紋是排灣族、魯凱族傳統浮雕最特殊的表現方式。（均為王正翰攝影）

23

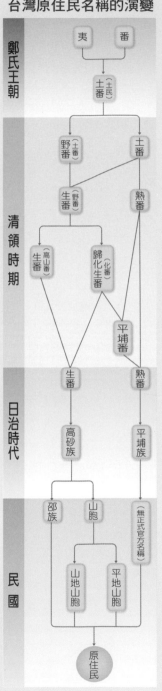

台灣原住民名稱的演變

鄭氏王朝
清領時期
日治時代
民國

台灣平埔族分佈圖

淡水　基隆
中壢
台北
三貂角
新竹
宜蘭
大安溪
大甲溪
苗栗
大肚溪
台中
花蓮
彰化
南投
濁水溪
嘉義
玉井
台南
旗山
高雄
屏東
台東
恆春

A　B　C　D　E　F　G1　G2　H　I1　I2　I3

平埔族：
A 凱達格蘭　　Ketagalan
B 噶瑪蘭　　　Kavalan
C 道卡斯　　　Taokas
D 巴則海　　　Pazeh
E 巴布拉　　　Papora
F 貓霧捒　　　Babuza
G 洪雅　　　　Hoanya
H 邵（水沙連）Thao
I 西拉雅　　　Siraya

資料來源：土田滋1983，李壬癸《台灣平埔族的歷史與互動》，
頁36，1997（重繪）。

24

平埔族──蕭壟社北頭洋文化園區

台南縣佳里鎮是平埔族西拉雅人的故鄉，境內散佈著平埔族各社群。位居北頭洋的蕭壟社，因周旋於荷蘭人與鄰近社群間，頗具獨特性，是勢力龐大、民情剽悍的一社。（王正翰攝影）

血統，所以台灣人多半也是平埔族的後代，不過是在書寫的歷史中隱形了。

半埔族經過多年的研究後，各族該如何區分，仍未有定論，一般人較熟知有八個大族：北部是居住在今天台北、基隆、桃園一帶的凱達格蘭族，以及宜蘭為主的噶瑪蘭族。中部則有在今天台中縣大甲鎮以北，經苗栗沿海地帶，到新竹市附近海岸平原的道卡斯族；在大肚溪以北、清水以南的海岸平原，主要在沙鹿、大肚、大甲等地的巴布拉族；再往南的海岸地帶則有貓霧捒族，分佈於大肚溪以南至濁水溪之間，以今日的彰化縣為主。在中部較靠近山區的地方，有巴則海族，他們以今天的豐原市為中心，北起大甲溪岸，南到潭子鄉。

再往南有洪雅族，居住在台中縣霧峰鄉以南、台南縣新營市以北的廣大區域，靠近山麓的平地；最後才是西拉雅族，活動範圍在今天的嘉南平原，從台南縣麻豆到屏東縣林邊一帶。

除了以上八大族外，還有聚居於南投縣日月潭一帶的邵族。

原住民的分佈

至於原住民，因其族群仍有部分住在其原居地，也是台灣四大族群之一，比起平埔族，大家對其瞭

台灣史小百科

唐山過台灣

「唐山」指的是今天的中國大陸，「唐山過台灣」是流傳許久的台灣俗諺。「唐山過台灣，心肝結歸丸」，說明當時會離鄉背井遠從中國大陸來到台灣的移民，其實都是迫於生計，不得不到台灣，因為跨過恐怖的黑水溝到台灣，往往是「三留、二死、五回頭」，十個人只有三個人能到達，兩個死亡，五個回頭。也因此，「唐山過台灣」這句俗諺便隱喻著居住在中國大陸的漢人冒著橫渡台灣海峽的風險，前來台灣謀生的艱辛過程。

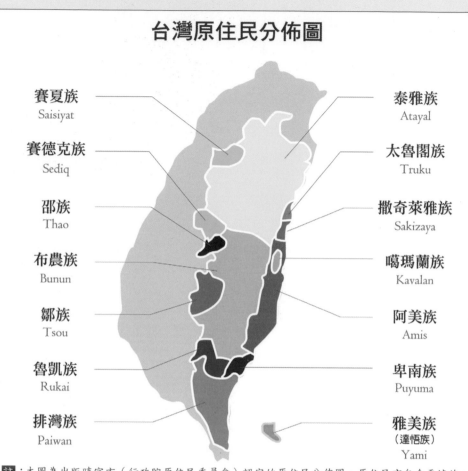

台灣原住民分佈圖

賽夏族
Saisiyat

賽德克族
Sediq

邵族
Thao

布農族
Bunun

鄒族
Tsou

魯凱族
Rukai

排灣族
Paiwan

泰雅族
Atayal

太魯閣族
Truku

撒奇萊雅族
Sakizaya

噶瑪蘭族
Kavalan

阿美族
Amis

卑南族
Puyuma

雅美族
（達悟族）
Yami

註：本圖為出版時官方（行政院原住民委員會）認定的原住民分佈圖，原住民亦包含平埔族，近年來隨各族的自我認同及行政爭取，名稱常有更動。

資料來源：行政院原住民委員會
http://www.apc.gov.tw/main/docDetail/detail_ethnic.jsp?cateID=A001917&linkParent=327&linkSelf=327&linkR00t=8

台灣史小百科

平埔族的祀壺傳統

平埔族與漢人對於神明祭祀的習慣有許多差異，其中西拉雅的「祀壺」更是明顯不同。所謂的「祀壺」是源自對於神明阿立祖的信仰，西拉雅各社群對阿立祖祭祀方式大概有兩種：一是將阿立祖供奉在部落的公廨中，成為部落共同守護神，但通常是在公廨或私家住宅內設壇，奉拜一個或數個「壺甕」或「瓷瓶」，壺甕中裝有清水，插入蘆葦或甘蔗。其最基本的祭品是檳榔與米酒，行三向禮（三次點酒、三拜、前後噴酒各一次）。

解較多，原來分為九族，在各族依其文化不同，爭取正名後，目前國家的認定，共分為十四族。北部的主要族群有泰雅族及賽夏族，泰雅的範圍較為廣大，居住地在埔里以北的中北部山區；賽夏族居住的區域較狹小，僅在新竹與苗栗山區。

在中部山區，除了泰雅族的一部分之外，有居住在中央山脈兩側的布農族，以及夾在這兩族之間的賽德克族，還有在日月潭附近的邵族及阿里山和高雄縣桃源鄉、三民鄉的鄒族（或曹族）。到了南部，則有住在屏東、高雄、台東山區的魯凱族及屏東、台東山區一帶的排灣族。

原住民原來被稱作高山族，可是在東部卻不見得都住在「高山」中，蘭嶼的雅美族就全族居住在島嶼上，花蓮、台東的阿美族也多半活躍在平原上，只有台東縱谷的卑南族是住在山中。除了這三族外，還有新近正名的太魯閣族、撒奇萊雅族，以及從宜蘭遷居到花蓮、台東的噶瑪蘭族。

卑南族 卑南族族群主要分佈於中央山脈以東、卑南溪以南的海岸地區，以及花東縱谷南方的高山地區，多居住於台東縣境內，屬於母系社會。圖為卑南族之傳統服飾與舞蹈。（王正翰攝影）

不論是平埔族或是原住民，由於他們與漢人分屬不同族群，因此不論在祭祀、建築、生活起居上，都有許多不同。甚至是各族之間，也存有許多明顯歧異，像是原住民的黥面、豐年祭、矮靈祭，或是平埔族的祀壺、夜祭等，仍保留其傳統方式，展現台灣多元的風貌，亦屬台灣文化相當重要的一支。

台灣地名的趣味性

　　每一個地方的地名，都藏著當地的歷史發展，台灣也不例外。台灣地名中，藏著不少的歷史線索，比如說有些地方就是以前平埔族的社名，像台南麻豆就是源自「麻豆社」，地名中有「社」的亦是，如台南大內鄉頭社村；有清代開墾的痕跡者，包括宜蘭的二結、五結等。也有饒富趣味的故事，如南投縣草屯鎮舊名「草鞋墩」，是當年平地與山地南來北往的交通孔道，許多拓荒先民及挑夫在此休息時，更換腳下的草鞋，先民足履堆砌成後來繁榮的小鎮。而台灣地名最大的變革，是在1920年時，台灣總督府認為許多地名不雅，將其改為較文雅的名稱，如打狗改成高雄、阿猴改成屏東等等。

布農族「八部合音」

被稱為「八部合音」的《祈禱小米豐收歌》，是由成年男子在屋外圍成圓圈，雙手互相交叉置於背後，依一套嚴謹的規則慢慢依次融入合唱，是布農族最具特色的祭典儀式與傳統歌謠。（王正翰攝影）

石板屋

魯凱族的「石板屋」，所用的石材是以當地出產之板岩，先經簡易加工後成為較規則片狀之石板，然後堆砌而成之傳統住屋。（王正翰攝影）

4. 史前時代的台灣與中國

今日台灣雖是以漢人為主，但一如前述，在荷蘭、明鄭還未來到台灣前，台灣島其實是南島民族的天下，漢人鮮少涉獵此地。漢人來到台灣的根源，最早得從三國時代說起，由於孫權在中國東南部建立的吳國，也是擅長航海的國家，漢人才開始對台灣的探索。

那時候的台灣，叫做夷洲。西元230年（吳大帝黃龍二年），當時正和曹操的魏國、劉備的蜀國打仗的吳國，由於需要很多士兵助陣打仗，所以吳主孫權便派遣了將軍衛溫、諸葛直，率領一萬多名士兵，計劃前往夷洲，希望帶回當地人民來擴充軍隊。

要前往未知的地方，此計畫引發大臣群起反對，可孫權不聽勸告，依然強行出兵。這批遠征軍雖然按照計畫到了夷洲，也帶回數千人，但遠征軍也多半因為感染疾病而死亡，這讓孫權相當後悔，不再提遠征台灣的事情。

此後，漢人對台灣興趣缺缺，一直到近四百年之後，隋煬帝即位才又提起台灣。

隋煬帝是個頗富雄心的皇帝，他上台後，希望鄰近地區的居民都能對他表示順服，因此派遣許多人到海外宣揚國威。西元607年（隋煬帝大業三年），煬帝派一位軍官朱寬到達當時稱為「流求」的台灣，結果因語言不通，雙方無法溝通而歸返。隔了一年，朱寬又到台灣，要求台灣住民投降，但是台灣住民不表順服，於是煬帝就派遣軍隊攻打台灣。

西元610年（隋煬帝大業六年），隋煬帝派陳稜、張鎮州率領軍隊從廣東潮州（當時名為義安）出發，前往台灣。當隋朝遠征軍的大船靠岸後，當地住民還以為是中國商人來台灣做生意，紛紛跑到軍中要與他們進行買賣，後來才發覺這些人不是來買東西，而是來打仗，雙方就此展開一場大戰。

當時台灣的領袖名叫歡斯渴刺兜，面對隋軍的攻擊，儘管他英勇反擊，仍無法與強大的隋軍相抗衡。經過八個小時的苦戰，隋軍最後攻破了渴刺兜的宮殿，殺死了渴刺兜，並且俘虜了數千名男女，帶回中國。

雖然隋煬帝遠征台灣，獲得大

澎湖天后宮

澎湖天后宮是全台灣歷史最悠久的媽祖廟。1682年，施琅率領軍隊進攻澎湖，打敗明軍。當時施琅認為能進攻取勝，全靠媽祖顯靈相助，於是奏請康熙皇帝加封，從此，媽祖宮又稱為「天后宮」。
（三月雪攝影）

勝，但在隋煬帝下台後，中國卻無繼續與台灣有進一步的接觸。最可能的原因，是中國商人到海外做生意的路線並未經過台灣，同時台灣也不出產當時中國所需的香料、象牙等珍奇貨物，因此沒對台灣留下太深刻的印象，反而是介於台灣與中國之間的澎湖，從宋代時起，因出外捕魚的漁民經常在此地躲風浪、歇息，而漸漸成為漢族移民的新據點。

最靠近台灣的福建，到了宋朝的時候，就因為北方居民不斷的移入，產生人滿為患的問題，可種糧食的土地也不足，造成糧食短缺，逼得福建居民只好出海捕魚，來餵飽家中的老老小小。

由於台灣海峽底部位在大陸棚上，平均深度相當淺，又盛產許多魚類，是個良好的漁場，福建漁民在這裡捕魚的同時，發現了有許多天然優良港灣的澎湖。捕魚累了，就到澎湖休息、躲避風雨，或者修理在捕魚過程中損壞的器具，漸漸地，有人開始在澎湖居住，形成一個個小小的村莊。

既然福建居民都在澎湖住了下來，為什麼他們不繼續往鄰近的台灣發展呢？主要原因就是在台灣附近有食人的「毗舍耶」人出沒，讓澎湖的居民不敢前往台灣發展。

這種會吃人的「毗舍耶」人，可能從菲律賓附近來到台灣，屬於皮膚黝黑的人種，他們的航海技術很好，使用一種可以折疊的竹筏，方便航行各處並且搶劫殺人。澎湖的居民相當害怕，連晚上都不敢生火、點燈，怕火光被毗舍耶人看到，又成為他們攻擊的目標。

為了保護當地的居民，南宋政府在西元1171年，由泉州知府汪大猷派遣軍隊到澎湖駐紮，這些軍隊最先是春夏播種的時節會來到澎湖，秋天收割後就回大陸，後來慢慢改成在當地直接駐防，並興建了

澎湖──七美島 位於台灣與中國中繼站的澎湖，自宋代起，便有許多福建漁民在此地捕魚與歇息，因而漸漸成為漢族移民的新據點。（三月雪攝影）

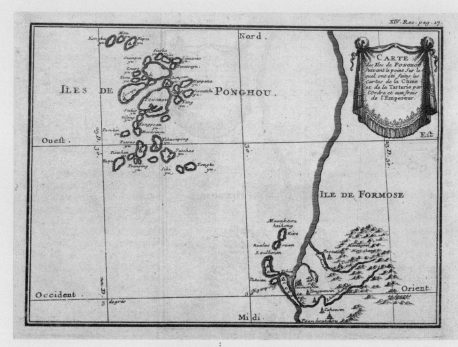

澎湖群島圖

十八世紀法國神父杜哈德（Jean-Baptiste Du Halde）於1735年所繪製的澎湖群島地圖。（國立台灣歷史博物館提供）

兩百間房舍供軍隊居住，這是頭一次有中國的軍隊進駐澎湖。到了元代時，更進一步在澎湖設立地方官「巡檢司」，有了政府的官員、軍隊，便等同宣示澎湖在這個時候，是屬於宋元政府的一部分領地。

儘管澎湖在元代算是歸屬中國，可只有一海之隔的台灣對世界文明社會而言仍然相當陌生，這一點也吸引了許許多多冒險家躍躍欲試。西元1291年，有位叫楊祥的軍人向元政府提出計畫，希望能率領六千人一舉征服台灣，如果台灣當地民眾不肯投降，就用武力逼迫他們降服。

元政府考慮之後，答應了這項計畫。就在此時，有位得知這項計畫的讀書人，叫做吳志斗，他批評楊祥的計畫，表示自己在福建長大，最瞭解台灣附近地區的動態和狀況，希望能改由他來領隊。

歷經一番爭論，元政府最後決定由楊祥擔任領隊，與吳志斗以及另一位官員阮鑒，共同率領軍隊先

前往澎湖駐紮，再進軍台灣；如果台灣不肯歸順，便發動軍隊攻打。

西元1292年，這支遠征軍從汀路尾澳出發，經過四、五個小時的航程，舉目發現一座島嶼，島上住有許多居民，然而這座島究竟是否就是遠征軍所欲尋找的台灣呢？楊祥說是，阮鑒則表示不清楚，最後楊祥派遣軍官劉閏等帶了二百多人及翻譯上岸。到了島上後發覺，翻譯根本聽不懂島上居民所說的話，於是雙方發生爭執，在混亂中，元軍有三人被殺死，餘下隊伍也匆匆急返駐紮的澎湖。

回到澎湖後，原本就存有嫌隙的楊祥、吳志斗、阮鑒，又為了究竟有沒有登陸台灣生起爭執，楊祥認為遠征軍實際到過台灣了，要求吳志斗、阮鑒簽下已登抵台灣的證明。早對楊祥心生不服的吳志斗、阮鑒認為當地不是台灣，拒絕簽署，結果到了第二天，吳志斗就失蹤了。由於吳志斗曾經批評楊祥，因此許多人都懷疑是楊祥殺害吳志斗，吳志斗的妻子也跟著一狀告到官府，楊祥與阮鑒因此雙雙被拘提到福建審理，後來遇到大赦，這件事就不了了之。在此之後，元政府

台灣南部海岸線
宋代時的台灣海岸居住著一批「毗舍耶」人，其生性兇殘，航海技術精湛，使當時的澎湖居民深受威脅。
（均為中國圖片大系提供）

澎湖馬公市碼頭邊 今日的澎湖搖身一變，成為熱門觀光景點，圖為馬公市著名的漁人碼頭日暮風光。（三月雪攝影）

對台灣便無進一步的行動與計畫。

這種台灣與鄰近國家不相往來的情形，到了明朝才有大轉變。建立明朝的明太祖朱元璋因為對橫行海上的日本海盜束手無策，決定實施「海禁」，限制中國沿海的居民出海；原先建立起聚落的澎湖，也在此一政策下廢除巡檢司，所有居民於西元1387年被強制遷回大陸。

「海禁」政策一推行，影響最巨的是當時十分蓬勃發達的國際貿易，從此生意人不能自由進出中國港口，相當不便。他們為了生存，最後淪為海盜，在海上營走私、搶劫活動，當時大家都叫他們「倭寇」，所謂「倭」指的是日本，然而實際上，這些海盜裡頭中國人、日本人都有，到了後期，更幾乎以中國人為主。

這些海盜，多半選在海外或外島建立大型基地。台灣與澎湖，不但與中國沿海距離不遠，再加上明政府在此並無駐軍，自然是海盜集團建立基地的最佳地點，儼如海盜的樂園。

在文獻上，以台灣為基地的海盜，要從明隆慶、萬曆年間開始，其中最著名的是林道乾與林鳳。

兩人最早皆起事於福建、廣東沿海，受到明朝軍隊追擊後不約而同地逃往台灣，然後再前往東南亞。傳說林道乾到達東南亞後，在暹羅（今泰國）敗給當地船隊，又回到中國，無法突破明軍封鎖的他再度遠遁，最後落腳在現今泰國的北大年。

林鳳則在退居沿海島嶼時，因海上劫掠，意外發現西班牙商船載有豐富白銀，於是將腦筋動到由西班牙占領的菲律賓。西元1574年，林鳳趁著馬尼拉的西班牙駐軍前往南方之際，出其不意地偷襲馬尼拉，造成西班牙駐軍的驚惶，但林鳳一擊未得手後，西班牙軍迅速回防，反將林鳳包圍在馬尼拉外，林鳳受困達四個月之久才突圍而出。海外失敗後，林鳳同樣回到中國，但在明軍嚴守下，依然無法越雷池一步，於是又轉戰海外，從此消失無蹤。在林道乾與林鳳之後，則是將台灣當作貿易之地的顏思齊、鄭芝龍登場。

中國距離台灣雖近，但除了幾次在好奇心驅使下登陸，以及後來的海盜外，並沒有真正想要開發台灣的企圖。之所以如此，主要是由於台灣缺乏中國所需的物資，亦未有可以與中國打交道的高度發展政權，這一切，要等到荷蘭人造訪台灣後才完全改變。

參考書目

臧振華，《台灣考古》（台北：行政院文建會，1995年）。

劉益昌，《台灣的考古遺址》（台北：台北縣立文化中心，1992年）。

張光直，《中國考古學論文集》（台北：聯經，1995年）。

漢聲雜誌編，《八里十三行遺址史前文化》（台北：漢聲雜誌社，1991年）。

呂理政，《遠古台灣的故事》（台北：南天書局，1997年）。

李壬癸，《台灣平埔族的歷史與互動》（台北：常民文化，1997年）。

李壬癸，《台灣南島民族的族群與遷徙》（台北：常民文化，1997年）。

方豪，《台灣早期史綱》（台北：學生書局，1994年）。

曹永和，《台灣早期歷史研究》（台北：聯經，1895年）。

第二篇

大航海時代
迎來福爾摩沙之名

1. 荷蘭、西班牙人飄洋過海來台灣

台灣史有個非常關鍵的問題：那就是四百年前統治台灣的荷蘭及西班牙人，為何要繞過大半個地球來到東方，並且占領台灣？位於歐洲的荷蘭及西班牙，就算在交通發達的今天，光坐飛機，都要花上一天，那在四百年前，他們為何要花上大半年，冒著生命危險來到台灣？

十五世紀掀起西方的「地理大發現」時代，以前一直難以來到東方的西方人，在《馬可波羅遊記》以及渴望擁有中國瓷器、絲綢和東南亞香料的誘使下，亟欲找出一條通往東方的航路，運回珍貴的瓷器、絲綢、香料。這些物品當時在西方都售價昂貴，若能讓這些物品直接從產地直銷，不需透過華商、回教商人的轉運，必然能降低成本，大賺一筆。

最早興起這種想法的，是來自伊比利半島上的兩個國家：葡萄牙與西班牙。葡萄牙首先展開向東方的冒險，其航路沿著非洲西岸前進，頗有收穫。隔鄰的西班牙也想效法，遂支助一位被葡萄牙王室打回票的冒險家哥倫布；哥倫布宣稱，一直向西行，才能發現印度，葡萄牙往東走是錯誤的。

哥倫布在西班牙的支助下往西走，誤打誤撞地發現了美洲新大陸，奠定了西班牙強大帝國的財富基礎，西班牙後來更橫越太平洋，於1565年占領菲律賓作為殖民地。葡萄牙人這邊也繞過好望角，成功在印度、東南亞設立據點，最後到達中國；他們靠著賄賂官員，於1557年占有澳門，達成與中國通商的願望。

西班牙與葡萄牙首次打通了全球貿易，他們可以將非洲的黑奴、東南亞的香料、中國的瓷器與絲綢，用便宜價錢在產地購進，再用昂貴價格在歐洲賣出，這正是所謂

「全球化」的開端。而它也讓西、葡兩國竄起，由原先歐洲的次級國家，一躍而成世界強權。

　　葡萄牙人和西班牙人的成功，鼓舞了其他歐洲人來到東方，首先就是荷蘭人。荷蘭人想盡辦法，拿到航海圖，到達東方。荷蘭人籌思要跟著葡萄牙與西班牙的腳步在東方建立據點，可惜好地方盡被西、葡兩國搶走，於是荷蘭人便落得非與西、葡兩國爭戰，搶奪他們的殖民地。荷蘭人最後在東南亞占得了巴達維亞城（Batavia，今日印尼首都雅加達），並成立了「東印度公司」以作為東方貿易的總部，然後，他們將目標瞄準中國沿海，希望像葡萄牙擁有澳門一樣，有個屬於自己的地方，就這樣，荷蘭人來到了台灣。

里斯本發現者紀念碑

位於葡萄牙首都里斯本的發現者紀念碑，是紀念十五至十六世紀葡萄牙的光榮航海時代。紀念碑所在地，正是當時葡萄牙人出海的地方。（富爾特影像提供）

十六、十七世紀世界貿易體系

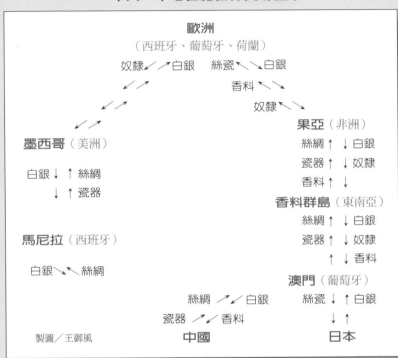

歐洲
（西班牙、葡萄牙、荷蘭）

奴隸／／白銀　　絲瓷＼＼白銀

香料＼＼

奴隸＼＼

果亞（非洲）

絲綢↑　↓白銀

瓷器↑　↓奴隸

香料↑　↓

墨西哥（美洲）

白銀↓　↑絲綢

↓　↑瓷器

香料群島（東南亞）

絲綢↑　↓白銀

瓷器↑　↓奴隸

↑　↓香料

馬尼拉（西班牙）

白銀＼＼絲綢

澳門（葡萄牙）

絲綢／／白銀　　絲瓷↓　↑白銀

瓷器／／香料　　　　↓　↑

製圖／王御風　　　　中國　　　　　　　日本

荷蘭東印度公司

　　荷蘭在東方的拓展，並不是以國家力量，而是由民間組成「東印度公司」（Verenigde Oostindische Compagnie，荷蘭文，簡稱VOC），並向民眾籌募資金，其總部設於巴達維亞（今印尼雅加達）。荷蘭「國家議會」亦同意給予東印度公司東起南非好望角、西到南美麥哲倫海峽間的貿易壟斷權。也就是在這個範圍內，與當地統治者簽訂條約、宣戰等的權力，都可以不必等到荷蘭議會同意，只要東印度公司點頭就可以了。所以我們可以看到，不管對大明或是鄭成功，要不要開戰、投降，決定權都在巴達維亞的東印度公司手上，這個強大的東印度公司，是一個國家之外的全新力量，敲響了資本主義的鐘聲。

2. 荷蘭占領澎湖做什麼？

葡萄牙人、西班牙人和荷蘭人湧至東方後，彼此激烈競爭，每個國家都想要把對方趕出東方，讓自己獨享這筆生意。荷蘭人來到中國沿海時，也希望將葡萄牙人趕離澳門，改由他們接管。西元1602年和1622年，荷蘭人兩度進攻澳門，均遭葡萄牙軍隊強力反擊，無功而返。任務失敗的荷蘭人，隨即將目標轉向台海的中繼站——澎湖，改為占領澎湖，企圖將澎湖建成他們的貿易站，1604年和1622年這兩次攻擊澎湖，史稱「澎湖事件」。

與台灣不同，澎湖自宋代起便漸成為福建漁民在台灣海峽捕魚時的休息站，中國也在這裡派兵駐守。因此荷蘭人占領澎湖的行動，等於從中國偷走了他們所屬的土地，不免引起中國強烈反應。

1604年，荷蘭艦隊由韋麻郎（Wijbrand van Waerwijk）率領，登陸澎湖，並且準備長久居留。這個消息傳到福建，讓福建的中國官員相當緊張，決定派遣浯嶼（今天的金門）把總沈有容負責驅離。

膽識高人一等的沈有容除了加緊訓練軍隊準備作戰外，還親抵澎湖與韋麻郎談判。他告訴韋麻郎，如果強占澎湖，中國非但不會答應與他們做生意，甚至可能還會不惜

荷蘭登陸漳州

1622年，荷蘭人進入漳州，與中國居民遭遇。（國立台灣博物館提供）

一戰。韋麻郎發現目的無法達成，又可能引發戰爭，在衡量自己實力不足下，遂率軍撤離澎湖，第一次的澎湖事件就此落幕。

同樣的情形，在1622年重新上演。由雷約茲（Cornelis Reijersz）所率領的荷蘭艦隊，攻擊澳門失敗後，轉向占領澎湖，這次更在風櫃尾北邊開始興建城堡，打算永久定居。福建政府對此相當震驚，再度展開談判，要求荷蘭軍隊趕快離開澎湖。

但這次荷蘭人有備而來，他們表示，如果中國政府不答應和他們通商，就算開戰也在所不惜。福建政府希望荷蘭人先離開澎湖，再談通商的事情；荷蘭人則希望先同意

通商，再離開。雙方各有堅持，談判陷入僵局，在此情形下，荷蘭決定訴諸武力。

西元1623年，荷蘭軍隊攻擊浯嶼，摧毀福建艦隊。福建軍隊敗陣後，表示願意和談，但實際上，這是一個陷阱；荷蘭派去談判的代表，都被福建軍隊逮捕或殺害，艦隊也在毫無防備下遭受重創，大敗而回。荷蘭氣憤之餘，加派軍力馳援澎湖，持續對峙，然雙方前線軍隊已對長期戰爭感到厭倦。此時，荷蘭請來著名的海商李旦擔任調解人，轉達允諾退出澎湖、轉往台灣之意，福建軍隊也答應不再追擊，結束了第二次的澎湖事件。

李旦的調停能獲得雙方認同的關鍵，在於李旦能帶著荷蘭人，離開中國領土，但還能繼續進行與中國貿易。而這個地方就是台灣的大員（今台南安平），李旦帶荷蘭人到此，主要是出於私心，因其基地（在今北港）離此不遠，隨時可供貨給荷蘭商人。而台灣的歷史，就在此誤打誤撞下，開啟了與以往截然不同的新頁。

澳門大三巴牌坊

澳門為當時葡萄牙在東方的重要貿易據點，圖為澳門著名的「大三巴牌坊」。
（中國圖片大系提供）

40

3. 鄭芝龍與荷蘭的海峽爭奪戰

西元1624年荷蘭人進入台灣後，仍未放棄他們的主要目標，就是與中國及日本拓展生意。荷蘭人發現，中國的瓷器、絲綢，不但西方人喜歡，連日本人也愛不釋手，故荷蘭人只要將中國買來的瓷器、絲綢，轉賣給日本，就可以賺取大筆的利潤，這便形成荷蘭人在台灣的主要貿易模式。

可是中國不准將國內貨物運到國外販賣，因此其他國家商人想獲取中國美麗的絲綢和瓷器，只好由中國商人將這些東西偷偷運到海外小島，雙方再到這邊私下交易。荷蘭希望能得到中國政府的許可，允許他們的商人直接到中國做生意，不用再偷偷摸摸進行走私貿易，但儘管荷蘭多次請求，中國政府始終不肯答應。荷蘭人要得到中國精美的絲綢、瓷器，最後還是僅能靠從事走私的中國商人運來貨物。

這些敢違抗政府限制出海的禁令，將貨物運到海外出售的商人，就是一般人所說的「海盜」；以今天的眼光來看，我們可以稱呼他們是「海商」。他們會相互推出首領領導大家，並且與敵對的團體爭奪地盤，誰贏了，誰就能夠與荷蘭人做生意。

荷蘭人盤踞台灣的初期，這些海商團體經常鬥來鬥去，荷蘭為了自身利益，確保貨物來源的通暢，常常支持與他們較親近的海商。

荷蘭勢力剛觸及台灣時，福建沿海最有勢力的海商叫李旦。李旦在日本、台灣、中國、東南亞都有據點，可稱得上是個國際化的商人。荷蘭進入大員（今天的台南），也是聽從李旦的建議，足見他對荷蘭的影響力。一開始，荷蘭商人所需要的絲綢、瓷器等中國貨品，均是由李旦提供。

但李旦在1624年，即荷蘭人

瓷器

十五世紀的「地理大發現」時代，中國精美的瓷器始終是西方國家所嚮往的珍貴物品，也成為推動東西方海上貿易交流頻繁的觸因之一。（好讀出版資料庫）

剛到台灣那年就去世了，群龍無首下，其手下為搶奪地盤，相互展開激烈的爭戰，最後由鄭芝龍奪下台灣。

鄭芝龍是福建泉州人，他長得眉清目秀，相當討人喜歡。小時候曾有一次在放學途中，與玩伴丟石頭玩耍，不小心打到當地太守蔡善繼，太守氣得派遣手下去把丟石頭的人捉來，但他一見到鄭芝龍便讚許不已，不僅忘了被石頭打到的不愉快，還給予鄭芝龍獎賞。

鄭芝龍長大以後，不愛讀書，成天只喜歡打打殺殺的功夫，惹得父親不高興，他因此逃到澳門投靠舅舅黃程，結識了李旦，成為李旦最得力的助手。在李旦死後，鄭芝龍侵占李旦在台灣的產業，並且與另一名大海盜顏思齊結合。兩陣營結合後，以台灣的笨港（今嘉義新港、雲林北港附近）為基地，在附近設了十寨，並從當時大鬧饑荒的福建沿海，招募居民到台灣來開墾。這也是漢人首次大批移民台灣，因此顏思齊被視為漢人開墾的始祖，在今日的北港市中心，有「顏思齊開拓台灣紀念碑」以紀念顏思齊。而荷蘭人所需要的物品，也由鄭芝龍、顏思齊繼續供應。

1625年顏思齊死後，鄭芝龍順理成章成為繼承人，因調度有方，很快即讓其他人服從。而鄭芝龍所統領的部隊，雖然也和其他海盜一樣，在中國沿海搶劫，不過鄭芝龍特別約束手下，只准搶富有的人，對於窮人、婦人一律不得搶奪，更不能亂燒民宅。這般有紀律的部隊，不但吸引許多大陸沿海的漢人紛紛投效鄭芝龍，連明朝軍隊都注意到鄭芝龍的作風與魅力，決定吸收他納入明朝軍隊。鄭氏發展重心遂轉移到福建，但仍壟斷荷蘭的貿易。

荷蘭在台灣的公司一直希望能直接到中國貿易，可是明朝政府不肯，荷蘭人遂將希望寄託在原本就有交情的鄭芝龍身上。不料時間一天天過去，鄭芝龍雖然帶來中國貨品，卻遲遲無法達成荷蘭的願望，於是荷蘭人決定結合另一名海盜劉香，向鄭芝龍開戰。

西元1633年，荷蘭艦隊向鄭芝龍的艦隊發動突襲，造成鄭芝龍艦隊全面癱瘓。荷蘭艦隊隨即封鎖廈門灣，強迫鄭芝龍與明政府同意他們到中國做生意。鄭芝龍受此刺激，並未灰心，反而重新建造船艦，同樣趁著荷蘭艦隊不注意時，偷襲荷蘭艦隊停泊的料羅灣，造成荷蘭艦隊重創，重新奪回福建與台灣沿海的主控權。

鄭芝龍獲勝後，並沒有繼續追擊荷蘭艦隊，反向他們釋出善意，表示會開放更多的中國商人到台灣貿易；加上鄭芝龍與荷蘭對抗時，原本答應幫助荷蘭的劉香不但沒助陣，還偷襲荷蘭在台灣的基地，因此荷蘭決定與鄭芝龍握手言和，並且協助鄭芝龍擊敗劉香。至此，荷蘭與鄭芝龍保持住良好的合作關係，台灣海峽自然歸於平靜了。

福爾摩沙海峽上的中國走私船（1857年繪）

清初實施海禁政策，沿海走私船橫行，尤其以中國船隻居多，這幅行駛於福爾摩沙海峽（台灣海峽）的走私船圖，由《倫敦新聞畫報》（*The Illustrated London News*）所刊載。（國立台灣歷史博物館提供）

CHINESE SMUGGLING CRAFT, STRAIT OF FORMOSA.—SEE PAGE 313.

BOX 6 | 《安平追想曲》的故事 | *The Story of Taiwan*

「身穿花紅長洋裝，風吹金髮思情郎，想郎船何往……」是台灣大眾耳熟能詳的名曲，歌名喚做《安平追想曲》。常有民眾以為這是一首描述十七世紀混血孤女思念遠方荷蘭生父的故事，實則不然，其歌詞所敘述背景應是在十九世紀。《天津條約》生效，開放通商後的安平港來了許多外國商船，一位安平買辦的千金與年輕的荷蘭船醫相戀，誕下本曲中主角「金小姐」，金小姐同樣戀上了外國人，也再度嘗受被拋棄的悲傷。

4. 統一全台：荷蘭人與原住民

荷蘭與鄭芝龍在台灣海峽爭奪主導權時，在台灣的荷蘭人多半集中在大員（今台南安平）地區附近，沒有多餘力氣去經營台灣其他地區。等到台灣海峽風平浪靜後，荷蘭人便開始把目光投向島內其他地區，向大員以外發展。

那時候台灣的居民，大部分屬平埔族原住民，他們在台灣各地建立許多部落，各自獨立。其他還有來到台灣開墾、捕獵的漢人，以及跟著荷蘭腳步後頭占領台灣北部的西班牙人。漢人來到台灣，多半會遵守荷蘭東印度公司的規定，西班牙人不多，所以荷蘭人主要征服的對象，就是原住民。

荷蘭東印度公司向外發展，大約從西元1635年開始。這一年，荷蘭東印度公司出兵征討附近的四個

荷蘭對小琉球的征伐

荷蘭人在1630年代開始向大員（今台南）以外的地方發展，曾經欺侮過他們的原住民自然被列為首要報復的對象。1636年，荷蘭大軍登陸小琉球島，當地原住民因無法抵抗，躲藏在島上一處大洞窟內，結果荷蘭軍隊堵塞住所有洞口，想要逼他們出來投降，不料大部分的人都不願投降，最後有兩、三百個人死在洞內。這個大洞就是今天有名的「烏鬼洞」，傳說住在洞內的「烏鬼」，其實就是當初的原住民。其他的居民，最後都被荷蘭人抓到台灣或巴達維亞充當勞役奴隸，所有的人被迫離開小琉球，小琉球也就成為無人島，日後才有其他種族的人到此居住。

平埔族部落：分別是麻豆（位於今台南縣麻豆鎮）、蕭壟（位於今台南縣佳里鎮）、塔加里揚（位於今台南市東南方）、大武壟（位於今台南縣玉井鄉）。這幾個部落平時對荷蘭人都不太恭敬，甚至還有殺死荷蘭人的紀錄，所以荷蘭東印度公司與鄭芝龍漸漸交好後，就決定動用武力讓他們聽話。

烏鬼洞

小琉球的烏鬼洞成為島上最富盛名之觀光勝地。
（王御風攝影）

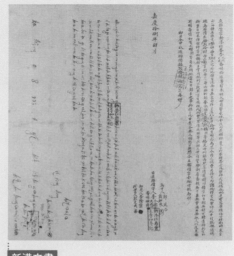

這些原住民，多半只有弓箭、矛頭這類原始粗糙的武器，無法與荷蘭軍隊的槍砲對抗，很快地便通通遭到荷蘭征服。荷蘭對這些被征服者相當粗暴，在征服這四個部落後，荷蘭將目標指向今天的小琉球，順利納入勢力版圖中。

經過幾年，荷蘭人完全控制台灣南部後，征服目標便擴大到台灣全島。西元1641年，出兵討伐中部的虎尾壟（Favorlang）及東螺社（Davole）。1642年，趁著西班牙人留在台灣的軍隊不多的時刻，出兵西班牙人占領的雞籠（今基隆），擊敗他們，並將他們趕出台灣，結束了西班牙人在台灣北部的統治。

囊括了西部之餘，因為台灣東部傳說有金礦，荷蘭人多次派遣人

新港文書

新港文首先應用在舊稱「番仔契」的土地租借和買賣借貸的契約上，圖為嘉慶十八年（西元1813年）時所締結留下的新港文、漢文兩文契約書。（國立台灣博物館提供）

員船艦前往東部，雖然沒有像控制西部那麼嚴謹，但也是第一次有外力進入台灣東海岸。

這些被征服的部落，荷蘭公司將他們分成四區：分別是北部地方會議區（台灣中南部地區以大員為界，北邊為北部地方會議區，南邊為南部地方會議區）、南部地方會議區、卑南地方會議區（台灣東部）和淡水地方會議區（台灣北部）。每個部落由村裡選出的長老管理，但荷蘭公司在每區派了政務員及傳教士，長老還是得接受他們的管理，部落也成為基督教的傳播區。

台灣史小百科

新港文書

荷蘭人進到台灣，也帶來了文字。荷蘭傳教士為了推廣基督教，運用羅馬拼音記錄了當地平埔族的語言，同時教導當地人使用，成為台灣最早的文字記錄。這些文字被使用在《聖經》的翻譯，還有買賣的地契，一直到了清代，平埔族人依然用這種文字書寫地契，漢人稱這種地契叫「番仔契」。

這些地契，後來被日本帝國大學（今天的台灣大學）教授村上直次郎彙集出版，由於多半的地契都與「新港社」有關，所以被稱為「新港文書」，是今日所能見到台灣最古老的文字。

5. 荷蘭治台的兩大城堡：熱蘭遮城與普羅民遮城

荷蘭人來到東方，希望取得與中國貿易的據點，在一連串與葡萄牙及中國交手的戰役中，這個據點從澳門、澎湖，最後誤打誤撞變成了台灣。到了台灣的荷蘭人，在西元1624年於大員北端興建城堡，這座被稱為熱蘭遮城（Fort Zeelandia）的城堡，也就是今天大家熟悉的安平古堡。在城堡裡面，荷蘭駐台的行政人員都在此辦公，成為荷蘭東印度公司在台發號施令的中心；城堡裡可供軍隊駐守及防禦，同時也是荷蘭在台灣的軍事指揮中樞。在城外北邊有市場，東邊有廣場及熱鬧的街道，許多大商人都聚居在這裡。

在今天的安平古堡與台南市區間，以前有片很大的潟湖，叫做台江內海。1625年，荷蘭人用十五匹布，從居住在赤崁的原住民手裡，換取了大片的土地，建立另一個熱鬧的城鎮，取名叫做普羅民遮市（Provintia），也就是今天的台南市區一帶，這裡多半是讓漢人移民居住。到了1653年，為了防止漢人的叛亂，在當地興建了另一座城堡，取名為普羅民遮城，就是今天的赤崁樓。

荷蘭人在台初期，就是以這兩個城市為基地，向外發展。

西元1635年，為了維護熱蘭遮城的安全，荷蘭人在大員西南邊

安平古堡

安平古堡是荷蘭統治台灣時期的政治及經濟中心。早期漢人稱荷蘭人為紅毛，所以也稱此座城為「紅毛城」。台灣光復後，改稱為「安平古堡」，沿用至今。（戴子堯攝影）

赤崁樓 赤崁樓是荷蘭人在漢人起義抗荷的「郭懷一事件」後所興建的。後世幾經整修,已不復見當時「普羅民遮城」之原貌。（戴子堯攝影）

的小丘上興建烏特勒支堡（Rrdoubt Utrecht），在1640年完工。這是一座小型堡壘,雖然面積不大,但與熱蘭遮城關係密切,1661年鄭成功進攻台灣時,即是先攻占這座城,最後成功逼迫熱蘭遮城投降。

　　荷蘭人在今日台南所興建的這三座城堡,目前熱蘭遮城（安平古堡）與普羅民遮城（赤崁樓）都還保持良好,烏特勒支堡則因戰事毀損而消失無蹤。到了台南,可前往兩座城堡參觀,想像四百年前荷蘭人在台灣活動的景況。

台灣第一街

西元1624年,荷蘭人入據安平、構築熱蘭遮城,並以此地為行政中心,作為遠東貿易的轉運站。延平街為當時的主要商業街,號稱「台灣第一街」。（王御風攝影）

6. 西班牙人為何搶灘北台灣？

　　十六世紀以後湧入東方的荷蘭、西班牙、葡萄牙，競爭相當激烈，荷蘭曾試圖占領葡萄牙統治下的澳門，雙方更發生戰爭，各國間關係非常緊張。西元1624年荷蘭占領大員後，對於以菲律賓馬尼拉為基地的西班牙人構成相當大的威脅，尤其是他們從馬尼拉到日本做生意的商船必須經過台灣，被荷蘭人從中攔截的機率很高。

　　為了維護自身的貿易利益，西班牙人於1626年占領台灣北部，在今天基隆和平島上建立「聖薩爾瓦多城」（San Salvador）與荷蘭對抗；並於1626年和1627年，分別從馬尼拉、雞籠（今基隆）兩度

紅毛城 西班牙在淡水河口邊的山丘上興建聖多明哥城。由於當時來到台灣的外國人髮色稍淡且偏紅，所以平埔族人大多稱外國人為紅毛番，即今日「紅毛城」之名的由來。（王正翰攝影）

荷蘭海事博物館中展示的VOC商船「阿姆斯特丹號」原寸模型。
（Magalhães提供）

出兵，企圖攻下台灣南部的荷蘭據點，但因碰到暴風雨而告失敗。

西班牙在台灣北部的經營並不順利，先是碰上中國沿海動亂，不能與中國直接做生意，再加上自1633年起，日本採鎖國政策，連與日本的貿易也無法繼續進行。

西元1635年起，西班牙菲律賓當局改變策略，全力發展菲律賓南部，縮小台灣駐軍，這讓西班牙人在台力量更加衰弱，無法與荷蘭抗衡。1642年，荷蘭出兵攻占雞籠，力量微薄的西班牙人不敵，被趕出台灣，結束他們在台灣北部十六年（1626~1642）的短暫統治。

台灣史小百科

紅毛城

西班牙人在台灣留下的遺跡不多，其中最重要的是聖多明哥城，也就是我們所熟知的淡水紅毛城。不過現在所見的型式，多半是荷蘭人所修建的。

這座城堡最早是由西班牙人於西元1628年在淡水河口興建。1642年西班牙人落敗之後，荷蘭人便接管了這座城堡，並從南洋運來大量石灰，重新修造城堡，形成我們現在所見到的紅毛城。它也是荷蘭遺跡中，除了安平古堡與赤崁樓外較著名的城堡建築。

7. 郭懷一事件：荷蘭人與漢人的衝突

跟原住民一樣，荷蘭東印度公司對漢人的管理也是透過長老這一層來進行。這些從中國大陸移民而來的漢人，多半是因為中國當時陷於明清交戰，希望到台灣尋求較安定富足的生活；他們在台灣做生意，或是種稻米、甘蔗，每個人須繳交數額不小的人頭稅給荷蘭東印度公司。

西元1650年起，台灣的甘蔗及稻米因為種植過多，價錢開始下滑，漢人所得減少，甚至有許多人悲慘地淪為流民，生活困苦。但在這個時候，荷蘭東印度公司卻提高人頭稅，使漢人更加不滿，終於爆發抗爭事件。

抗爭運動的領袖郭懷一，居住在赤崁以北兩哩，一個叫做「士美」（Smeer）的村莊，他是村內的首領。因不滿荷蘭對漢人過高的徵稅，加上當時鄭成功與荷蘭關係並不好，謠傳鄭成功將會出兵幫助他們，郭懷一便暗地召集了大約五千人，預定在1652年的中秋節晚上起事。

郭懷一等人計劃在中秋節當晚宴請荷蘭人，等他們喝醉後，將他們全部殺死。但這個計畫，被一些知情的漢人長老向荷蘭公司告密，提早走漏。9月7日，荷蘭軍隊前往郭懷一等人住處逮捕他們，不料起事者人數眾多，荷蘭軍隊見勢嚇得逃回大員。

9月8日，郭懷一的軍隊攻入普羅民遮市，並燒毀荷蘭東印度公司的房宅。然而勝利並沒有維持太久，武器明顯優於郭懷一軍隊的荷蘭大軍從大員出發，很快就占得上風。荷蘭軍隊同時增調當地的原住民助攻，郭懷一的軍隊退守到附近高山，與荷蘭及原住民軍隊激戰，結果郭懷一中箭身亡，其他部眾逃往各處，最後都被荷蘭軍隊尋獲，被殺死或餓死的人，大約有三千人之多。這是荷蘭治台期間，與漢人之間發生最大的一次衝突。

郭懷一事件，可看出荷蘭人與漢人間的緊張關係，也因為如此，在台灣的漢人才會積極主動勸說鄭成功攻取台灣，終於讓鄭成功於西元1661年出兵，也終結了荷蘭人在台灣的統治。

8. 鄭成功與荷蘭的大戰

當荷蘭逐漸擴張他們在台統治範圍時，對岸的中國正發生驚天動地的變化。統治中國長達兩百多年的大明政府，因為一連串施政的錯誤、國力慢慢衰退，而在中國東北崛起，國力逐漸增強的滿州人，建立了大清國。雙方經過幾十年的對抗，大清國獲得最後勝利，成為中國的新主人。

大清攻下北京城之際，明思宗自縊於北京城，一些仍效忠大明的軍士、官員，在中國南方擁護明皇室的子裔，繼續與清對抗。在福建，鄭芝龍與其他明朝官員於1645年共同擁戴唐王即位，也就是「隆武政權」。

南明政府建立後，鄭芝龍與唐王，以及一些官員嚴重失和，最後鄭芝龍在1646年選擇向清朝投降。隆武政權不久被大清消滅，大清將鄭芝龍押送到北京，不允許他繼續留在福建，領導強大的海軍。

鄭荷交戰圖

1662年荷蘭人敗給鄭成功後，主動找大清協議讓台灣交給荷蘭治理。清、荷兩國聯軍遂共同出擊，清在1663年攻下金門、廈門，荷蘭也趁機占領雞籠重回台灣。但面臨清廷實施海禁，荷蘭在虧損連連的情況之下，在1668年放棄雞籠，正式退出台灣領土。
（國立台灣博物館提供）

鄭芝龍投降時，鄭成功並不認同父親的作法，他集合了志同道合的夥伴，繼續領導對抗大清的事業。他同時也繼承了鄭芝龍在福建沿海的勢力，荷蘭東印度公司需要中國貨品，必須得向鄭成功購買。

當時荷蘭最容易賺錢的生意，就是向中國購買生絲，然後用更高的價錢賣給需求度高的日本。但鄭成功上台後，因與清軍打仗需要許多錢，所以他直接將生絲賣給日本，賺取更多的利潤。如此一來，荷蘭東印度公司的收益大受打擊，於是荷蘭船艦在海上搶奪鄭成功的商船，不許鄭成功旗下的商船到巴達維亞；作為報復，鄭成功也下令實施海禁，不准船隻來往台灣與日本，雙方關係降至冰點。

實施海禁，使荷蘭在台灣的生意損失慘重，荷蘭因此不得不向鄭成功求饒。西元1657年，荷方派遣與鄭成功關係良好的一位長老何斌擔任談判代表，前往廈門與鄭成功談判，最後達成協議，在同意鄭氏可在台灣徵收赴中國做生意商船的稅收條件下和解。鄭成功便答應恢復兩岸通商，但雙方關係已經蒙上一層陰影。

台灣史小百科

紅毛港與八寶公主

　　荷蘭留在台灣的足跡並不多，除了幾個城堡外，在高雄及新竹各有一個叫做「紅毛港」的地名，即可能是因荷蘭人曾在此建立相關設施而得名。在墾丁更有一間「八寶公主廟」，傳說當時有位荷蘭公主來台灣時擱淺於此，遭到原住民殺害，後當地居民立廟祭祀，但此一傳說查無任何證據。

荷蘭赤崁樓遺址

西元1662年，鄭成功大軍擊敗荷蘭人，荷蘭人結束在台灣三十八年的統治。圖為位於赤崁樓東北角落的「普羅民遮城」城牆遺址，乃荷蘭治台之見證。（王御風攝影）

對於鄭成功可以在台灣收稅的事情，荷蘭在巴達維亞的總公司並不知道，所以在兩年後（1659年），有人向巴達維亞告密，幫鄭成功在台灣收稅的何斌因此被逮捕。何斌失去荷蘭人的信任後，在台灣處境艱難，當年四月，他在蒐集了大員附近海域資料後，逃往廈門的鄭成功陣營。

何斌逃到鄭成功陣營後，台灣海峽的局勢頓時變得相當緊張。尤其經過1652年的郭懷一事件以及1659年的何斌事件，在台灣的漢人與荷蘭人相處並不融洽，因此有謠傳鄭成功將攻打台灣，於是荷蘭一面關閉鄭成功在台灣的商館，一面加強軍隊實力。而鄭成功在中國與清軍的對抗，也確實遭遇到挫折，幾經考慮後，決定攻打台灣，作為日後發展的基地。

西元1661年，鄭成功大軍向台灣挺進，經過一整年與荷蘭軍隊的周旋，並包圍住熱蘭遮城。荷蘭軍隊最後終於不敵而開城投降，結束在台灣三十八年的統治，台灣的歷史自此進入一個新的階段。

參考書目

彭慕蘭、史提夫・托皮克著，黃中憲譯，《貿易打造的世界》（台北：如果，2007年11月）。

湯錦台，《前進福爾摩沙》（台北：貓頭鷹，2002年1月）。

卜正民著，黃中憲譯，《維梅爾的帽子》（台北：遠流，2009年4月）。

王御風，《荷蘭人在台灣》（台北：稻田，2002年8月）。

蘇同炳，《台灣史研究集》（台北：國立編譯館，1980年4月）。

楊彥杰，《荷蘭時代台灣史》（台北：聯經，2000年）。

中村孝志，《荷蘭時代台灣史研究》（台北：稻鄉，1997年12月）。

村上直次郎、岩生成一、中村孝志、永積洋子著，許賢瑤譯，《荷蘭時代台灣史論文集》（宜蘭：佛光，2001年6月）。

鄭維中，《荷蘭時代的台灣社會》（台北：前衛，2004年7月）。

歐陽泰著，鄭維中譯，《福爾摩沙如何變成台灣府？》（台北：遠流，2007年2月）。

曹永和，《台灣早期歷史研究續集》（台北：聯經，2000年10月）。

第三篇

鄭氏海上王朝
拓荒、屯兵與文教

1. 擊敗荷蘭人的混血英雄：鄭成功

　　在台灣歷史上，最為歷代所推崇者，當屬鄭成功，這一點，其實與政治有關。鄭成功是出生於日本平戶的中日混血兒，因此在日本統治時期，日本人對他讚譽有加；到了戰後，退守台灣的國民黨希望大家效法鄭成功守住台灣、對抗大陸的精神；對岸的共產黨則要求大家學習鄭成功趕走荷蘭人、收復台灣的功績。於是鄭成功成為少數台灣以及中國近代統治者都無異議的「民族英雄」。但撇開政治面不談，鄭成功的一生充滿戲劇化，他最後逼走荷蘭人之舉，更是影響台灣後來走向的關鍵。這位對台灣歷史具有關鍵力量者，值得我們細細瞭解他的一生。

鄭成功雕像

擊敗荷蘭人、建立台灣第一個漢人政權，並拓墾台灣，開創台灣歷史新階段的鄭成功，集「民族英雄」、「延平郡王」、「開台始祖」與「國姓爺」等稱號於一身，足見其對此段歷史的莫大影響與貢獻。（王御風攝影）

少年時代

　　鄭成功的母親，究竟出身為何，眾說紛紜。有說她是日裔華人翁氏領養的女兒，另有一說她是日人田川氏之女，所以有人稱其為翁氏，有人則稱田川氏，但總歸說來應屬日本籍。鄭芝龍待在平戶時，她與鄭芝龍相戀，進而結婚，並生下兩子鄭成功與七左衛門，因此鄭成功是個不折不扣的中日混血兒。鄭芝龍後來離開日本，沒能帶走妻兒，因此鄭成功的幼年時代是在日本度過，由母親撫養，母子感情甚篤。

　　鄭芝龍在中國當官後，始向日本政府交涉，希望能讓妻兒們到中國與他團聚。鄭成功年滿七歲時，日本政府終於點頭讓鄭成功到中國。鄭芝龍看到久未見面的兒子時，相當高興，幫他取了中國名字「森」，在隆武帝未賜名前，鄭成功其實叫做「鄭森」。

　　鄭成功回歸中國後，鄭芝龍採用中國傳統的儒家

教育方式培育鄭成功，延聘老師教導他儒家經典，到了二十一歲進入南京太學就讀，拜當時有名的大儒錢謙益為師。在如此訓練下，鄭成功完全認同以國家、家庭為重的儒家教育，這也使他在後來的關鍵時刻，做出與父親截然不同的決定。

　　西元1644年，中國發生劇變，統治兩百多年的大明政府，被李自成攻入北京消滅。但李自成與駐守山海關的大將吳三桂條件並未談攏，導致吳三桂開山海關引當時東北的強國——滿清進入中國，最後大清國打敗李自成，進入北京城。

　　在這個時候，中國有三股力量爭奪未來的領導權：分別是大清國，被稱為「農民軍」或「流寇」的李自成、張獻忠等人，以及明朝王室逃到南方來建立的新政府（一般稱他們為「南明」）。

父子決裂

　　「南明」換過好幾位皇帝，通常都撐不了

鄭成功母子雕像（鄭氏家廟內）

鄭成功的幼年時代在日本度過，由母親撫養，因此母子感情十分深厚。（王御風攝影）

多久就被清軍打敗。其中有一個皇帝，對鄭成功影響最深，就是在西元1645年由鄭芝龍擁立的隆武帝。

在中國發生大變動之前，鄭芝龍已經成為福建最有權勢的人物。要如何延續既有的優勢，讓鄭芝龍考慮再三，最後鄭芝龍決定擁護隆武帝，實際上就是要維持他辛苦建立的海上王國。

鄭芝龍剛擁護隆武登上帝位的蜜月時期，帶著鄭成功去見隆武帝，隆武帝對鄭成功讚譽有加，直嘆「可惜沒有女兒可以嫁給你」，賜給鄭成功「國姓」，也就是明朝皇帝的姓氏「朱」，並賜名「成功」。隔了一年，隆武又封他為忠孝伯，賜尚方劍，掛「招討大將軍」印。這次的會面，對鄭成功一生至為重要。從小受儒家思想教育，強調要「尊君」的鄭成功，能受到皇帝肯定，自然是點滴在心頭，感激萬分，於是後來大家都稱呼他為「國姓爺」，他也以能擁有大明的國姓為榮。

兒誕石（鄭氏家廟內）

相傳鄭成功之母田川氏於千里濱海灘的一塊大石頭旁臨盆產下鄭成功。至今平戶千里濱海灘上仍有一塊兒誕石，而圖中這塊石頭取自於兒誕石的一部分，為日本平戶市贈予鄭氏家廟之禮。（王御風攝影）

BOX | **放天燈的習俗** | *The Story of Taiwan*

放天燈是台灣元宵節的重要習俗，每年元宵晚上，許多民眾會湧入台北平溪鄉，在天燈寫上願望，施放至天空，與南部鹽水鎮的施放蜂炮，「北天燈、南蜂炮」並稱為台灣元宵兩大活動。

天燈又名孔明燈，相傳為三國時代的諸葛亮為傳遞軍情而設計。至於為何平溪有此習俗，主要是因為平溪地處偏僻山區，官府鞭長莫及，盜匪經常出沒，每年冬至過後，村民收成完畢後，就收拾細軟逃入深山，直到元宵節前夕才派壯丁下山察看，確定安全無虞後，放天燈報平安。

鄭成功實際上在擊退荷蘭人、攻下台灣後不到半年即去世,然其對台灣的影響卻非常深遠。圖為台南鄭氏家廟內的鄭成功像。(王御風攝影)

挾持。鄭成功於是逃往金門,並回信告知父親「從來父教子以忠,未聞教子以貳。今吾父不聽兒言,後倘有不測,兒只有縞素而已」(向來父親教導兒子,只有教他盡忠,從來沒有聽過教兒子另外侍奉他人。今天父親不聽兒子的話,以後有什麼三長兩短,兒子也只能披麻帶孝而已)。雙方從此各分前程,鄭芝龍投降大清,鄭成功則擔起反清復國的重任。

征服台灣

西元1647年鄭成功正式在烈嶼(今小金門)起兵,展開他一生的軍事生涯。直到鄭成功過世為止,我們可約略將其分為三階段:一是1646年到1651年,在此階段,鄭成功統一東南沿海上原來的鄭芝龍軍隊,成為東南沿海新霸主;二是1651年到1659年,此時東南沿海呈現大清與鄭成功對峙的局面,鄭成功軍隊在戰力增強下,最終北伐,但可惜功虧一簣;三是1660年

但對精打細算的鄭芝龍來講,隆武帝並沒有那麼崇高,不過是他手上拿來與大清談判的籌碼。1646年,大清答應給鄭芝龍閩粵總督一職,總管福建、廣東兩省。鄭芝龍決定犧牲與其相處不愉快的隆武帝,投降大清,對此鄭成功表示反對意見,父子間出現決裂。

經商起家的鄭芝龍,以其敏銳的直覺看出南明絕非大清對手,決定效忠新朝,自然也希望兒子一起投降滿清。但鄭成功大表反對,他認為福建天險依然可守,鄭芝龍一旦離開福建,就如同老虎離山,將毫無威力;再加上從小所受的忠君教育影響,無論如何都不願投降。

雙方談判破裂後,鄭成功的叔父鄭鴻逵勸他盡快逃離,以免遭到

Fort de Zeelande ou de Taiovang

熱蘭遮城圖（1702年重新上色版） 熱蘭遮城又名台灣城，即今台南安平古堡，此圖描繪出熱蘭遮城在十七世紀迎接來往商船的盛況。（國立台灣歷史博物館提供）

到1662年的轉戰台灣，鄭成功北伐失敗後，決定轉戰台灣，最後打敗當時在台灣的荷蘭人，開創另一局面。在這三個階段中，前兩個階段都是在中國大陸，僅有第三階段與台灣有關，故本文僅介紹此。

鄭成功在1659年的北伐之役失敗後，未來何去何從，讓鄭成功陷入長考，後鄭成功決定從荷蘭人手中拿下台灣，作為基地。一來台灣腹地較為廣大，與大陸相隔較遠，不擅水戰的清軍要攻下台灣，相當

困難，鄭軍有較大的喘息空間。二來荷蘭人在台灣做的是「轉口貿易」，就是從鄭家手上買日本需要的絲綢、瓷器，轉賣給日本，藉以賺取差價。鄭芝龍時代，由於也需要荷蘭人幫助，因此合作愉快；到了鄭成功時代，需要籌打仗的軍費，因此有時就直接與日本貿易，攻搶日本市場，使得鄭、荷關係越來越惡劣。

荷蘭人為了改善雙方關係，一度准許鄭成功派人在台灣抽貨物

稅，卻又翻臉將鄭成功的代表何斌關起來。何斌後來偷渡到金、廈鄭軍這方，並獻上台灣附近的資料，讓鄭成功對攻台更加有把握。

攻台一事，在鄭軍陣營內投入一顆不小的震撼彈。在當時較富庶的金門、廈門居住慣的鄭軍，要移到荒涼的台灣已是不願，加上橫渡台灣海峽的危險性，因此反對者相當多。鄭成功開了兩次軍事會議討論，反對者依然眾多，不過在鄭成功的堅持下，鄭軍大舉出動，於1661年春經澎湖抵達台灣。

當時荷蘭人的大本營在今日台南市，以兩座大城為主：今天叫做「赤崁樓」的普羅民遮城，以及叫做「安平古堡」的熱蘭遮城。兩城中間的地帶今日已成陸地，可在當時卻是內海，也就是「台江內海」。

當時要進入台江內海，多半均由熱蘭遮城附近水道進入。可是研究過附近海域的鄭成功，卻大出奇兵之策，改由北方的鹿耳門進入。由於鹿耳門附近水域很淺，如果沒有漲潮潮水幫助，鄭軍的大船一定

四草湖（昔台江內海） 昔日的台江內海早已淤積成陸，四草湖是少數留下來的水域，為當年廣闊潟湖留下見證。（李嘉祥攝影）

鹿耳門天后宮 台南市鹿耳門天后宮，於西元1661年鄭成功登陸後首建，供軍民膜拜，以鼓舞士氣。廟宇歷史悠久，常年有大批善男信女從全國各地前來進香膜拜。（王正翰攝影）

會擱淺，所以荷蘭軍隊並沒有對此地特別注意，連鄭成功的軍隊也懷疑他們自己是否能順利通過。

擁有情報的鄭成功，儘管有十足的把握能夠在此登陸，仍決定搬演一齣戲來激勵部屬。他擺起祭壇，向天祈求，果然開始湧現大潮，鄭成功的大船藉此通過鹿耳門，渡過台江內海，直攻普羅民遮城。此舉讓鄭成功的軍隊士氣大振，也讓荷蘭守軍措手不及，普羅民遮城很快就被鄭軍攻陷，但接下來攻擊熱蘭遮城就沒有這般順利了。

當時全世界最先進的荷蘭軍，擁有強大的火力以及堅固的城堡，雖然熱蘭遮城守軍僅有千人，但對抗萬人以上的明鄭大軍，毫不遜色，鄭軍遲遲無法攻下熱蘭遮城，最後鄭成功決定採用圍城戰略。這一圍困，就長達九個月。

遠在巴達維亞（今印尼雅加達）的荷蘭東印度公司總部得知此情形後，急派援軍來台，卻遭鄭軍擊退，鄭成功決心結束這場戰役。根據荷蘭軍投降者的建議，鄭成功決定先攻占位於熱蘭遮城後方高地的烏特勒支碉堡。1662年1月25日，鄭軍發動了一次驚天動地的大砲戰，用三十門大砲，在一天內發射二千五百發砲彈，攻下了烏特勒支堡，也摧毀了荷蘭守軍的信心，荷蘭守軍終於決定投降，結束他們在台灣三十八年的統治。

遺憾而終

在今天的印象中，鄭成功對台灣影響深遠，應該治理台灣很長的一段時間，實際上鄭成功是於擊退荷蘭人、攻下台灣後，不到半年，在1662年5月8日就去世了。

鄭成功去世的時候，僅僅才三十八歲，之所以英年早逝，應與最後一年連續不斷遭受打擊有關。

1661年10月，鄭成功的父親鄭芝龍遭清廷殺害；除此之外，清廷更挖掘鄭家祖墳，對注重「孝」道的鄭成功是一大打擊。1662年，南明的末代皇帝——永曆帝更在吳三桂的圍剿下遇害身亡，大明至此正式終結，一向對明朝盡忠的鄭成功心中自是相當憂傷難過。

同時間，鄭成功的大兒子，留守廈門的鄭經，與其四弟的乳母產下一子，對奉行儒家規範的鄭成功而言，這種與禮法違背的行為，讓他無法接受。震怒之餘，他命令戶官鄭泰前往廈門斬決鄭經。此一命令造成留守金、廈的官兵驚慌，大家聯名上書求情，並囚禁剛從其他地方征討回廈門的周全斌，形成台灣與金、廈的分治。

君王、父親接連遭遇不幸，兒子、部屬又抗命，讓鄭成功心中鬱悶，加上台灣炎熱潮溼的氣候，使得鄭成功一病不起，病逝於台南。一代英豪，就這樣帶著遺憾而終。

BOX 5 | **蚵仔煎的由來** | *The Story of Taiwan*

台灣最富特色的小吃之一「蚵仔煎」的由來，據說是當年鄭成功在收復台灣時，因為荷蘭人斷去鄭軍的糧食，將台南附近所有的米糧全部集中到城堡內，以避免資助鄭成功的部隊。鄭成功的大軍雖然也備有糧食，但為了節約糧草，於是利用當時台南海灘沿岸上盛產的牡蠣，將之裹以太白粉煎炸，便成了一道既充飢又美味的副食品，也演變為今日的台灣小吃蚵仔煎。

2. 鄭成功的傳說與廟宇

鄭成功對於台灣的影響，除了政治外，就是全台都有的「鄭成功廟」以及許多的民間傳說。從廟宇與傳說，更可窺得鄭成功的英雄形象是如何深植台灣人民心中，尤其是廟宇的演變，更牽涉到政治上的改朝換代，相當有趣！

鄭成功廟宇的演變

鄭成功的子孫後來被大清打敗而出降，改由大清統治台灣。由於明鄭與大清是敵人，因此大清不准人民祭拜鄭成功。不過許多感念鄭成功的民眾仍偷偷祭祀，只是改了個名字，叫做「開台聖王」，因為鄭成功是漢人開發台灣的始祖，廟也就叫做「開山王廟」或「開台聖王廟」。

在許多祭拜鄭成功的廟宇中，最古老也最出名的就是今日台南的「延平郡王祠」。這座原名為「開山王廟」的小廟，在康熙時代即已存在，代表台南居民對鄭成功的懷念。過了一百多年，直到清末同治年間，來到台灣處理日本侵台「牡丹社事件」的欽差大臣沈葆楨，才

在1874年上奏核准在台灣立祠，於是改建原來的小廟，成為今日規模廣大的延平郡王祠，也是第一間祭拜鄭成功的「官廟」。

這間「官廟」後來亦隨著各時代統治者的更迭，有所演變。在日本時代，由於鄭成功是中日混血

兒，於是日本人極力推崇，並將其與日本信仰連接在一起，「延平郡王祠」變成了日式的「開山神社」；在日本統治後期，大力取締中國式寺廟時，唯有祭祀鄭成功的廟較少遭拆除，可見鄭成功對日人統治的重要性。

　　到了戰後國民黨政府來台後，由於鄭成功當年固守台灣、力抗大清帝國的處境與國民黨相同，於是鄭成功再度成為統治者表彰的對象，延平郡王祠裡頭更聳立起青天白日的黨徽，成為時代浮浮沉沉的代表。

延平郡王祠 台民為感念鄭氏驅荷復台，立廟紀念，後擴建成「延平郡王祠」。牌坊上頭的青天白日黨徽，是國民黨政府來台後所立。（王正翰攝影）

三聖宮拜什麼？

在許多拜鄭成功的廟宇中，三聖宮是相當有趣的廟宇。從清初就存在的竹南三聖宮，其所祭祀的「三聖」分別是：開台聖王鄭成功、開漳聖王與保生大帝。其中開漳聖王是漳州人，保生大帝則是泉州主要的信仰；水火不容兩派人馬的主神卻出現在同一座廟中，爾後又出現了鄭成功，的確費人思解。原來當地是漳、泉移民共同開發的地區，而漳、泉人士發生械鬥紛爭平息後，為了地方和諧，遂新建有兩方守護神的共同廟宇，並且請來「開台聖王」鄭成功，調和雙方。於此不難看出鄭成功在台灣人心目中的地位屹立不搖，相當重要。

除了「延平郡王祠」外，目前全省有近百座祭祀鄭成功的廟宇，其名稱不一，包括三聖宮，但如看到與鄭成功相關的「開山王」、「開台聖王」、「國姓」、「延平」等廟名時，則可知道應該就是祭拜鄭成功這位傳奇人物的廟宇。

鄭成功的傳說

在台灣，我們所能接觸到的鄭成功，除了古蹟、他開發的地區、祭拜他的廟宇外，還有許許多多有關他的傳說，環繞著全台。

鄭成功遺下的紛紜傳說中，與台灣相關的多不勝數，其中首推

眾多地名的由來，如台北縣鶯歌、台北市劍潭之得名，都與鄭成功有關。相傳鄭成功在打敗荷蘭人後，帶兵北上，到達今天的鶯歌時，突然大軍遇到濃霧，鄭成功判斷是有妖怪作祟，於是架起大砲，往山上的妖石方向轟去，在煙霧消散後，只見鸚鵡妖石的頭已被打掉，從此後鸚鵡怪就不能作亂，當地日後也就因山上的鸚鵡石叫做「鶯歌」。

至於劍潭，則傳說以前劍潭裡有怪獸出沒，常常危害百姓，鄭成功率軍到此後，拔出寶劍向潭中擲去，怪獸乃身亡，但寶劍也隨之沉入潭底，還不時會放出光芒，日後此地，就叫做「劍潭」。

鄭成功的寶劍，不但能平妖，還能取水。相傳今日台中縣鐵砧山的「劍井」（又稱「國姓井」、「鄭王井」），同樣是鄭成功帶兵至此，被當地原住民包圍，大軍受困在鐵砧山，因缺水陷入飢渴狀態中，鄭成功向天祈禱後，拔劍插地，遂湧出泉水來，解決了此次危機。此井便就被稱為「劍井」。

還有兩個有趣的地名：打狗（今高雄市）、打貓（今嘉義民雄），也與鄭成功有關。相傳鄭成功到達台灣後，為原住民所苦，後來他靈機一動，想到台灣島內

沒有老虎，於是從大陸運進兩隻老虎，想要嚇嚇原住民。沒想到原住民不但不畏虎，還奮力追殺。一隻逃到今日嘉義民雄一帶，當地居民想說哪來的大貓，就把牠打死；另一隻跑到高雄市，則被認為是大狗打死，於是一地叫「打狗」，另一地則叫「打貓」。

實際上，這些傳說多是穿鑿附會成分居多，前面提過，鄭成功來台灣不過一年多，而且多半時間忙著攻打荷蘭人，他在台灣的足跡，大約僅在今日的台南附近，不可能到過台中、台北。不過這如此多的傳說，正可看出台灣人民對鄭成功的肯定。除了種種地名之外，台南特產虱目魚的得名，也傳說與鄭成功有關，此外如恆春的落山風、金門的風獅爺，都傳說是因鄭成功才出現，可見鄭成功的影響力，真是「全台走透透」呢！

金門風獅爺

相傳鄭成功駐守金門期間，基於軍事需要，大量砍樹造船，導致風沙飄搖，島上居民苦於風患，便在村郊周圍樹立風獅爺，以期鎮風庇佑村民安寧。至今風獅爺已成為金門百姓心目中的保護神象徵。（任天豪攝影）

BOX 6 ┃ 燒王船 ┃ *The Story of Taiwan*

在台灣的民間信仰中，除了媽祖外，王爺也是相當普遍的信仰。王爺信仰中三年一次的燒王船祭典，更是當地的大事，不論是屏東的東港、小琉球，或是台南縣的西港，除了居住在外的當地民眾會返鄉參加外，也會吸引許多的觀光客前往觀賞。

台灣沿海的王爺信仰，與瘟疫有比較直接的關係。台灣早期開拓之時，衛生環境不佳，瘟疫橫行、天災水患不斷，民眾只好祈求上天，演變成王爺信仰。相傳王爺帶著玉帝旨令，代天巡狩，並可驅除瘟疫，因此深受沿海居民的信奉。

各地三年一次的王船祭即為王爺來此巡視的過程，全程長達數天，並有固定儀式。首先當地民眾要去海邊迎接王爺至村莊，然後王爺由村莊內的每一個地方去遶境，捉拿帶來瘟疫的凶神惡煞；當王爺巡視任務結束，所有民眾就到海邊恭送王爺回到天上。而王爺回到天上的方式，是將王爺搭乘的王船火化，此一燒王船的過程，頗為壯觀，成為王爺祭典中最具代表性的畫面。

3. 唯一反攻大陸的台灣領袖：鄭經

明鄭在台灣共歷三位領導者：鄭成功、鄭經、鄭克塽，其中在台灣統治最久，也對明鄭政局影響最大的是鄭經。鄭經登上大位，及其過世之際，都造成明鄭內部的亂局，前者丟掉了金、廈，後者則給予大清可乘之機。因此鄭經的統治，與明鄭國運息息相關，值得我們仔細討論其治理台灣的過程。

鄭經的繼位

鄭成功於西元1662年突然過世，讓明鄭內部陷入混亂。由於鄭成功的過世，長子鄭經的產子風波亦被認為是重要的原因，在這種情形下，該不該讓鄭經繼續承接大位，引發了許多爭論。明鄭內部分為兩派：在台灣的官兵，多半覺得鄭經已失去「世子」應有的風範，改推鄭成功的五弟鄭襲繼承王位；在金門與廈門的官兵，大半仍擁戴鄭經，這也再度造成台灣與金、廈之間的對立。

1662年10月，鄭經親自率領大軍攻台，經過一番苦戰，鄭襲投降，明鄭重新歸於一統。只不過這

場內戰，卻消耗了不少明鄭軍隊的能量，許多支持鄭襲的明鄭將領因此命喪黃泉，如黃昭、蕭拱辰、鄭泰等人，其中又以長期擔任明鄭戶官（類似今天的財政、經濟部長）鄭泰影響最大，其死後，家族全部投降，讓鄭成功時代長期經營的貿易網路，瞬時全部崩解。

反攻大陸去

鄭經本身能力並不特別傑出，但貴在他能重用陳永華。在陳永華領導下，明鄭軍隊逐步開墾台灣土地，又將漢文化移植到台灣來，故在其經營下，不出數年，便將台灣建設成一個富裕社會。但鄭經對於當年在大陸戰敗、被迫退守台灣的往事，仍然無法忘懷，一有機會，總想能揮師回朝，逐鹿中原。

這個機會很快就來到。當年引清兵入關的平西王吳三桂，坐鎮雲南，擁有自己的兵馬行政大權，與當時一同投降大清的另兩位漢人將領靖南王、平南王並稱「三藩」，是清廷最頭痛的地方將領。1673年，吳三桂為測試年輕皇帝康熙對

祀典武廟 鄭經興建四座廟宇於台南府城，其中祀典武廟以其建廟之早與文物之豐，名列台灣地區重要一級古蹟。（王御風攝影）

他的容忍度，上書「撤藩」，請求調離雲南；他原以為康熙顧忌自己麾下兵強馬壯，會出言慰留，不料康熙竟然批准，要強迫他離開雲南。騎虎難下的吳三桂只好出兵反清，史稱「三藩之亂」。

吳三桂起兵後，開始聯絡許多漢人將領一同反清，始終與大清敵對的明鄭自然成為他拉攏的對象，吳三桂寫信邀請鄭經加盟。鄭經早就想反攻大陸，有此機會，當然點頭答應，於1674年留下陳永華駐守台灣，親自率軍渡海西去。

鄭經的出兵，除了吳三桂外，早已與吳三桂同盟、駐守福建的平南王耿精忠同樣表示歡迎。因為耿精忠害怕實力不足，不敵清軍，因此希望鄭經幫忙對付清軍，為了說服鄭經同意，耿精忠特別將當初明鄭勢力最強的漳州、泉州讓給鄭經。

但戰事一開打，耿精忠出兵卻意外的順利，一下子就攻下福建全省，於是他感到後悔，不願兌現禮讓漳、泉兩州給鄭經的諾言。

此舉自然激怒了鄭經，他開始猛攻耿精忠，依舊拿下漳、泉二州及廣東潮州，變成鄭經、耿精忠這對盟友還沒向敵人開火就內鬨對打的局面，逼得吳三桂趕快出面斡旋，兩人雖然言歸和好，一致對清，但雙方已埋下心結。

戰事進行到後期，清軍也看出鄭經與耿精忠兩方不和，於是加緊攻打耿精忠。鄭經對此不僅未出兵援助，有時還扯後腿，終使耿精忠不敵清軍而敗降，讓鄭軍正式與清軍對決。而隨著三藩其他成員的陸續降清，鄭軍失去所有的奧援；

對鄭經氣憤難平的耿精忠，更協助清軍反攻鄭軍，讓鄭軍打來十分辛苦，一再敗退。鄭軍勢力從全盛時期擁有閩粵兩省中的泉、潮、漳、惠、汀、興、邵七郡之地，落到僅能固守福建沿海以與清廷抗衡的地步，最後無力抵抗清廷大軍，不得不放棄經營六年的大陸版圖，於1680年黯然撤回台、澎。

開元寺

開元寺最早原是鄭經在台灣的行館和安養母親董氏之所。鄭經在金門、廈門沿海戰敗，退守台灣，一時抑鬱失志，無心政事，即築園造庭，作為「承天府行台」。清領後，才將別墅改為佛寺，是目前台南市規模最大的佛寺。（王御風攝影）

鄭經過世與明鄭內亂

明鄭西征大陸的失敗，讓鄭經在台灣的經營面臨艱困局面，不但台灣多年的積蓄付之烏有，還要面對因大陸一統而壯盛的大清軍。幸好鄭經的太子鄭克𡒉有為有守，深得民心。當初鄭經親自率軍西征時，就命令鄭克𡒉為監國，坐鎮台灣，並由陳永華輔佐，將台灣治理得井然有序。當時許多人都認為鄭克𡒉日後的成就將不遜於其祖父鄭成功，明鄭中興有望。連當初顧慮鄭克𡒉是否能堪當大任的鄭經，在西征失敗回台後，看到鄭克𡒉治國有條不紊，也相當放心的將台灣交給鄭克𡒉治理，自己隱居，過著花天酒地的生活。

但在此時，攸關明鄭未來命運的陰謀卻悄悄展開。西征失敗後，大家都將矛頭指向當初西征時最受重用的大將——馮錫範，馮錫範深知情勢不妙，想要自保。他的首要目標是為人正直的陳永華，他告訴陳永華對這次西征的失敗感到很慚愧，打算要辭官。陳永華一聽，覺得馮錫範乃一介武夫，都懂得要為這次的失敗負責，更何況是當時掌管全軍的自己，於是陳永華先一步提出辭呈。

沒想到馮錫範的說法不過是為了要讓陳永華下台，日後才不會檢討他在大陸戰場上的錯誤。於是陳永華提出辭呈後，馮錫範就遊說鄭經同意，將軍權交與馮錫範較熟悉的劉國軒，自己絕口不再提辭官一事。陳永華知道上當後，相當憤怒，竟因此鬱悶而過世，讓明鄭損失一員大將。

陳永華過世後不久，鄭經也因生活放縱，導致一病不起，在西元1681年春逝世。接連兩位重要人物過世，讓明鄭瞬間陷入混亂。

如果照著鄭經當時的規畫，將王位傳給鄭克𡒉，第一個會被追究的當然就是馮錫範，因為是他害死與鄭克𡒉交情良好的陳永華。於是馮錫範結合當初曾因鄭克𡒉、陳永華不肯給他們好處，而懷恨在心的鄭氏家族，以及馮錫範提拔的劉國軒等人，密謀發動政變。

當時，鄭成功的元配董夫人尚在世，地位崇高，於是馮錫範向董夫人進言，說鄭克𡒉是乳母所生，出身不正，所以民間對鄭克𡒉繼位無法接受。董夫人原先不肯相信，表示鄭克𡒉已經監國兩年，大家對他表現有口皆碑，怎麼會有此事？她想要找劉國軒詢問，但劉國軒不願出面證實，加上鄭氏其他家族成

員從旁附和，終使董夫人同意要更換鄭克𡒉，改由鄭經次子鄭克塽繼位，而鄭克塽正是馮錫範的女婿。

　　馮錫範獲得董夫人點頭後，立刻派部下將鄭克𡒉殺害。當初董夫人同意換掉鄭克𡒉，原以為只是將鄭克𡒉換下王座，並未有取其性命之意，等到噩耗傳來，她才恍然大悟，但一切已來不及，只好承認鄭克塽繼位的事實。然對於鄭克𡒉之死，董夫人一直自責不已，不久便生起病來，很快就因鬱悶而過世。明鄭經過了這次的政變，加上西征大陸的失敗，元氣大傷，而新掌權者鄭克塽又不孚眾望，明鄭的發展便越來越艱難。

　　明鄭在台灣的發展，鄭經可說是關鍵人物，他任用陳永華，加上賢能的太子鄭克𡒉，使得明鄭發展蒸蒸日上，就算是西征失敗，仍有能力與中國大陸的大清抗衡。可惜他對於內政未多加用心，給予馮錫範有機可趁，在他身後謀害鄭克𡒉，也讓大清趁虛而入消滅明鄭，這恐怕是鄭經生前所萬萬沒有想到的結局。

鄭氏家廟　鄭氏家廟原稱「延平王廟」，為鄭經所建，乃奉祀延平郡王鄭成功的專祠。台灣入清版圖後，改稱「鄭氏大宗祠」，成為鄭氏開台首座家廟。（王御風攝影）

4. 傳說中的天地會總舵主：陳永華

永華宮陳永華像

陳永華對於台灣移入漢文化，影響深遠。圖為台南永華宮內的陳永華神像。（王御風攝影）

定天地會是明鄭據台之後才成立，並非陳永華創建，自然他也不是名震江湖的總舵主。但陳永華對台灣的影響卻相當大，陳永華將中國大陸的漢人文化移植到台灣來，成為我們今日生活的原型，徹底擺脫了荷蘭所遺留的文化。

在所有關於明鄭的歷史小說作品中，最有名者首推金庸《鹿鼎記》，書中虛構居多，參雜許多真有其人的明鄭歷史人物，如馮錫範、鄭克塽，讓整本書恍如真實，增加可讀性。

書中主角韋小寶的師父陳近南，其實是以陳永華作藍本。陳永華那種允文允武、一心為國的形象，透過陳近南，相當生動的展現在讀者面前，可說是作者金庸對陳永華的推崇。

至於書中所指陳近南創建「天地會」、身兼總舵主的描述，多年前大家一直認為陳永華實有創立天地會一事，但經過近人的研究，確

漢人文化的鞏固

陳永華是福建同安人，他的父親陳鼎是一位舉人，同樣投效在鄭成功的麾下。當清軍攻陷同安時，陳鼎自縊而死，當時在外的陳永華聽到消息，就化裝成和尚進城尋找父親的屍體，這般孝心，讓陳永華譽滿天下。而陳永華本身更是才華洋溢、允文允武，因此從鄭成功時代就獲得重用，到了鄭經時代，更同時掌有文武大權。他推動建設台灣，為台灣帶來許多新的事物。

鄭成功來台後，陸續將許多荷蘭的制度汰換成中國的體制，如在政治上將台灣稱為東都明京，下設

一府二縣，以今天的台南赤崁地區作為承天府，以北為天興縣，以南為萬年縣；到了鄭經時代，則將東都改為東寧，升天興、萬年縣為州。

至於在中央政府方面，則以吏、戶、禮、兵、刑、工分掌各類事務。這種行政體制，其實就是沿革自中國傳統政治制度，在地方行「郡縣制度」，在中央則劃分「六部」，同時開啟了漢人政治在台灣的先例。

但對後代影響最深的，應該是教育與文化。這些工作，多半出自於陳永華之手，陳永華認為要與大清抗衡，文教絕對不可忽略，在其建議下，鄭經在今天

的台南市蓋起了全台第一座孔廟，傳承了中國的儒家思想。

除此之外，陳永華更命各里、社到中央設立學校，並開辦科舉考試，一樣沿革了中國的科舉制度。換句話說，在台灣從政治到文教，各方面都與當時在大清治下的大陸隔閡不大，而在社會上，民間也廣建廟宇，祭祀中國大陸家鄉帶來的神明，奠定台灣的漢人文化傳統。

陳永華的其他貢獻

除了前述的開墾及科舉，陳永華對台灣人民影響深遠的，還包括教導台灣人民曬鹽，以及引進燒瓦的技術。台灣雖是海島，但在明鄭以前，台灣住民都是用煎海水方式來取得鹽，這種鹽相當苦，不易入口；直到陳永華來台，才開始教人民用曝曬方式取得可口的鹽，這種技術一直沿用至今。

另一個與民生有關的技術是燒製瓦片，這種時常可在傳統台灣老建築屋頂看到的瓦片，也是由陳永華所引進。台灣最早使用瓦片，可溯自荷蘭時代漢人蓋房子時，不過當時台灣沒人生產，必須要從對岸福建購買取得；陳永華到台灣後，才教導台灣人燒瓦的技術。這讓當時台灣的建築技術大大向前邁進，比起原來用茅草蓋的房子堅固許多。

由以上可見，陳永華不僅僅在明鄭統治時期有舉足輕重的地位，對台灣後來的影響，更是除鄭成功之外，明鄭朝中無人能比。說他是鄭成功之後，明鄭最重要的人物，應該也不為過。可惜後來他遭到馮錫範的算計，憂憤早死，不然若他仍在世，或許可阻止最後明鄭的內亂，讓明鄭不致亡於施琅之手。

BOX 6 | 生廖死張 | *The Story of Taiwan*

所謂的「生廖死張」即是指在生時姓廖，死後歸宗為張。這作法典故源自於元末明初一家族的故事。明初張元子以贅婿身分入廖家，其族人犯國法，未敢見官而潛逃，株連者無數。元子以廖姓身分向官府申辯纏訟多年，於明洪武二十五年（西元1392年）方才清白結案。張元子此時年事已高，返鄉路上重病垂危，臨終時遺囑兒子友來：「吾深受汝外祖父（三九郎）知遇之恩，欲捨命圖報，未能如願，汝當代父效成，子孫生當姓廖，以光母族於前，死歸姓張，以存子姓，生死不忘張廖兩全。」張友來謹遵父囑，以張承廖，立誓：「凡我子孫，生則姓廖，歿後書張，不違祖命，以報廖公之德。」此後便以廖友來名義存世，且將張元子遺囑轉告親族。

5. 明鄭士兵開墾的土地

　　鄭經退守到台灣後，首要之務就是如何安頓這大批官兵，讓他們不愁吃穿。從鄭成功時期開始，明鄭就發現台灣島內還有許多地區待開發。鄭成功遂命令手下軍隊尋找新地區屯墾，一面屯兵防守，一面自耕自足，到了鄭經時代，由於有更多的軍隊退守來台灣，這項政策便更加努力執行著。

　　在荷蘭時代，儘管荷蘭東印度公司統轄全台，但它在台灣的主要目的是建立貿易據點，與中國、日本做生意，並不以農業生產為主。荷蘭時代的開墾區主要位於今日的台南縣市附近，以今日台南市為中心，向北、東、南三側擴張；北至麻豆、北港，東邊接近今日的新化（當時稱大目降）；南到今日岡山附近（當時稱為阿公店）。

　　到了明鄭時代，由於長年征戰，明鄭政府需要大量糧食應付戰事及平時生活所需，因此開墾區逐步擴大，除了原已開墾地區，向北主要伸展到今日嘉義、鹽水港，向南則是今日高雄鳳山地區。可以說今日的台南縣市、高雄縣市，在明鄭時代都已逐步開發。

　　明鄭士兵新開發的地區，有些我們可以從地名上得知，在現今台南、高雄縣市地區，以「鎮」、「營」為名的地區，如台南新營、林鳳營、高雄市左營、前鎮等地，都是由明鄭官兵所開發的聚落。

　　除了軍方的開墾外，也有許多民眾跟著

左營蓮池潭

高雄市左營、前鎮等地，正是明鄭時期官兵所開發的聚落。圖為高雄市左營區著名的觀光景點「蓮池潭風景區」。（富爾特影像提供）

明鄭來到台灣,尤其在大清對於福建沿海下達淨空海岸的「禁海令」後,福建沿海居民被迫放棄自己家園,有些不願遷往內陸的居民,就來到台灣。他們也加入了這一波的開墾。

　　明鄭時代,尤其是鄭經來台後,大力推展農墾,同時加上大清頒布禁海令,不准沿海居民與明鄭來往做生意,使得原本以海上貿易為主的明鄭,漸漸變成以農業為主。這也使得台灣從原來的東亞貿易轉運站,逐漸轉變成為重要的農業區。

6. 鄭氏王朝的滅亡

鄭經去世後的明鄭內亂，給了清廷攻台的好機會。不過，對以騎兵見長的清軍，如何渡過波濤洶湧的台灣海峽，可是一大考驗。實際上，清軍有意渡過海峽攻台，已經不是第一次，鄭成功過世時的內亂，就給了清軍一次契機，在清軍將金門、廈門攻下後，清廷以出身明鄭的降將施琅為領袖，二度率領大軍攻台，但在渡海時都遇到颱風，導致大軍受阻。在此之後，清廷仔細思考，認為渡海沒有把握，而當時內部的主要敵人是三藩，於是就放棄渡海攻台的計畫，並將施琅調回北京，從長計議。

三藩問題解決後，清廷重新思量是否要攻台。在鄭經率軍返台時，清廷仍認為台灣海峽不易渡過，以招撫和談代替攻擊，甚至提出歷來最寬鬆的條件，不要求明鄭剃髮，只要兩岸互保和平，即可相安無事。鄭經死後，明鄭因爭奪王位內亂，清廷認為這是大好機會，於是積極備戰，準備渡海攻台。

但要渡海攻台，不擅水戰的清軍中，誰有此能力呢？當時負責攻台的將領──閩浙總督姚啟聖與朝中許多大臣，都一致推薦有攻台經驗、熟悉水戰的施琅擔此重責大任，清廷皇帝康熙幾經思考，同意這個建議。1681年10月，施琅受派為福建水師提督，與姚啟聖共同籌劃攻台的計畫。

不料施琅上台後，立即向康熙帝告狀，認為姚啟聖不懂水戰，無法勝任攻台重任，建請由他自己一人負責即可。這件事引起姚啟聖非常不滿，雙方意見南轅北轍，先是究竟要施琅、姚啟聖共同出征，還是施琅單獨出征，乃至於該在何時、利用哪種風向出兵，該不該繼續與明鄭和談，都引發兩人的脣槍舌戰。這一來使得原本要出兵的清軍一延再延，康熙帝不耐至極，最後決定由施琅獨自帶兵出海作戰，才化解此次爭議。清軍遂於1683年，大舉出兵攻台。

決定台灣命運的澎湖海戰

西元1683年清軍攻台戰役，對台灣影響深遠。此戰役決定未來兩百多年台灣將由大清統治，而這場戰役實際上僅在澎湖交戰，結果左

右了最後的勝負。

　　施琅對台灣的作戰，自有盤算，他認為要先拿下澎湖，再透過文攻武嚇，將可使台灣屈服。而這套作戰計畫，明鄭也知之甚詳，因此明鄭當時最重要的大將劉國軒親自坐鎮澎湖指揮，雙方精銳盡出，預備決一死戰。

　　施琅於1683年6月從福建出兵，由於此季節台灣海峽多颱風，施琅出兵時便有颱風來襲的跡象，使得劉國軒有些輕敵，吩咐大家只要謹守崗位即可。沒想到最後颱風並未來襲，明鄭與大清軍在澎湖海域遭遇，經過兩次慘烈的戰鬥，清軍先敗後勝，奪下澎湖，明鄭大軍在這次戰役中損失慘重，軍心渙散。

　　施琅占領澎湖後，隨即展開心理攻勢。由於施琅父、弟均為鄭成功所殺，因此台灣部眾人心惶惶，認為施琅一旦攻下台灣，將會展開報復。施琅則以寬待澎湖海戰俘虜的明鄭軍隊作為消毒，向其保證絕不會有報復行為，最後更將這些俘虜放回台灣家中。這果然使得明鄭官兵卸下心防，考慮投降。

　　另一方面，經過澎湖海戰，明鄭主將劉國軒大嘆戰敗是「天意」，對於抵抗清軍意興闌珊。在澎湖戰後，馮錫範計劃攻擊由西班牙人占領的菲律賓呂宋，作為明鄭的反攻基地，也被劉國軒否決。在劉國軒與明鄭軍隊均無意願抵抗下，最後鄭克塽決定投降，結束明鄭在台灣二十一年的經營。

鄭成功墓址紀念碑

鄭成功去世後，葬於今日台南縣永康市鹽行里，不久施琅攻下台灣，將鄭成功遷葬回大陸。圖為原鄭成功墓址之紀念碑。
（王御風攝影）

7. 充滿荷蘭、明鄭遺跡的台南市

如果想看明鄭留下的歷史遺址，要到何處呢？這就非得到「府城」台南市不可。

從荷蘭治下到明鄭時代，台南一直是統治中樞，遺留許多的建築可讓我們緬懷歷史。最有名的當然是荷蘭人所蓋的兩大城堡：安平古堡（熱蘭遮城）與赤崁樓（普羅民遮城），可惜這兩座城堡經過歷代的興修，已看不出荷蘭時期的原貌，目前的安平古堡主要是日人、赤崁樓則是清代修建。不過即便如此，古堡周遭仍可發現到許多當年的痕跡。

除了兩大古堡，當年陳永華所倡建的「孔廟」，也是明鄭時期代表建築。在其附近有祭祀陳永華的永華宮，儘管永華宮經過改建，不復當年古意，但相信追想陳永華的情懷，並不會因時光而改變。距孔廟不遠的「延平郡王祠」則是祭拜鄭成功的廟宇，主要建造於清代，一旁的博物館有常設的鄭成功相關展覽。

除了鄭氏家族及其臣子外，明朝王室寧靖郡王朱術桂當時也落腳

武廟 武廟原是明寧靖王府邸，入清後才正式改為廟宇。（王御風攝影）

台灣。由於明鄭尊奉明朝正朔，所以朱術桂也獲得鄭成功家族的禮遇，居住在今日赤崁樓對面的大天后宮及武廟（清代才改為寺廟）。鄭克塽降清，對於寧靖郡王朱術桂是一大打擊，由於明室在其他地方均已被清廷消滅，他無路可走，決定要自盡。寧靖郡王做了這個決定後，告訴妃子們，她們可選擇改嫁或出家，不料五位妃子齊聲表示願意追隨王爺，說畢就上吊自殺。寧靖郡王相當感動，將這五位妃子合葬後也自縊身亡，為明室劃下句點。今日台南市的五妃廟，就是五位妃子埋葬的地方。

上述這些充滿傳奇故事的地點，到台南時可別忘了一遊呢！

台灣史小百科

傳播漢人文教第一人——沈光文

沈光文（1612～1688），字文開，號斯菴，浙江鄞縣人。他自小勤奮讀書，進入太學，效力於南明福王、桂王政權。後來在荷蘭據台時期，因乘船遭遇海上風暴而漂流來台灣，斷了與中國大陸那邊的聯繫，在台南定居。直到鄭成功攻台驅走荷蘭人，得知名儒沈光文人在台灣，特地見訪並賜予田宅。後來鄭經繼位，沈光文避走目加溜灣社（今台南善化），教書維生。沈光文在台灣留下許多詩文和著作，包括《文開文集》、《台灣賦》，成為台灣第一批文學作品，同時也是記錄當時風土情況的珍貴歷史文獻。

參考書目

黃典權，《鄭成功史事研究》（台北：商務，1996年）。

周宗賢，《逆子孤軍 鄭成功》（台北：萬象，1996年）。

陳芳明，〈鄭成功與施琅〉，收錄於張炎憲、李筱峰、戴寶村編《台灣史論文精選》（台北：玉山社，1996年）。

王御風，《鄭成功的故事》（台北：稻鄉，2003年）。

江仁傑，《解構鄭成功》（台北：三民，2006年）。

江樹森，《鄭成功和荷蘭人在台灣的最後一戰及換文締和》（台北：漢聲）。

蔡蕙如，《與鄭成功有關的傳說之研究》（台南：台南市文化中心，1998年）。

傅朝卿、詹伯望，《圖說鄭成功與台灣文化》（台南：台灣建築與文化資產，2006年）。

楊友庭，《明鄭四世興衰史》（江西：江西人民，1991年）。

黃典權，《鄭成功史事研究》（台北：商務，1996年）。

第四篇 上朝不太管的地帶
移民的新世界

1. 施琅與台灣：消極治台的建立

施琅與鄭成功的恩恩怨怨

　　帶著大清軍隊渡海消滅明鄭王朝的大將是施琅，他原為鄭成功父親鄭芝龍的手下大將。1646年，當鄭芝龍降清，鄭成功與父親決裂起兵時，那時沒有太多將領願意理會鄭成功，唯獨施琅等少數將領力挺鄭成功，陪伴鄭成功成為一方之霸。因此鄭成功崛起，施琅助力甚深，何以兩人最後竟反目成仇？

　　施琅與鄭成功兩人個性都相當的固執，鄭成功初起兵時，有一次接到南明皇帝的求援，鄭成功決意出兵解決；然施琅卻表示不宜，他認為鄭成功兵力仍不足，如率大軍離開根據地，清兵一定尾隨攻擊。可是鄭成功不聽，執意出兵，施琅也表示不願跟隨，結果清軍果然趁

大天后宮

大天后宮原是明寧靖王的府邸，西元1683年施琅攻台，寧靖王自縊。施琅鑑於台灣先民深信媽祖，為收攬民心，而奏請立天妃廟，成為台灣最早官方建祀的媽祖廟。（王御風攝影）

機襲擊，有賴施琅軍隊擊退清兵才得以脫困。但鄭成功在賞罰時偏偏不提施琅，使兩人心結越繫越深。

後來施琅有位手下曾德犯了軍法，理應處死，曾德知道施琅與鄭成功的心結，跑去鄭成功的軍營請求保護，鄭成功也答應了。此事被施琅知道後氣憤不已，直接殺到鄭成功的營房去，將曾德處決。這一舉動惹得鄭成功勃然大怒，認為其身為君王的尊嚴受辱，於是下令逮捕施琅，多半的人都認為這純粹是茶壺裡的風暴，勸施琅躲起來，過一陣子就沒事。沒想到鄭成功找不到施琅本人，一氣之下殺了他的父親及兄弟，施琅聞訊大哭，立志復仇而投清。

大清帝國本身不擅水戰，因此對施琅投誠喜出望外，並重用施琅；鄭成功過世後，明鄭陷於內亂，大清看機不可失，便派施琅攻台，但遭遇颱風，無功而返。後來大清改變策略，以封鎖代替攻擊，施琅被調回北京等待機會，多年過後，明鄭第二次出現內亂，施琅再次獲得清廷重用，這次他不再浪費機會，率領大軍攻下台灣，一同報了父兄之仇。

施琅攻下台灣後，立即到鄭成功墓前祭拜，跪拜磕頭痛哭，兩人多年來的恩怨，在此劃下休止符。台灣離開明鄭的懷抱，由施琅掌控大局。

施琅治理下的台灣

施琅對台灣最大的影響，其實是一開始決定台灣未來去向的爭論。西元1683年施琅攻下台灣時，清廷對這座「得之無所加、不得無所損」的島嶼是否要留下，曾引起爭論，大部分的清廷官員，均認為應該將台灣島民遷回大陸，放棄台灣，最後施琅以〈恭陳台灣棄留

BOX 6 | 八家將 | The Story of Taiwan

常見於台灣陣頭中的「八家將」，指的是五福大帝手下的八位將領，包括民間傳說中常聽到的甘、柳、范、謝四大將軍，加上春、夏、秋、冬（何、張、徐、曹）四季帝君。在一般台灣陣頭表演中，八家將猶如神明的開路先鋒，列隊遊行在神駕之前，主角是踩著七星步的四大將軍，威風地提著捉獲來的妖邪，四大帝君則擔任拷問妖邪的配角，不管是主角或配角，都是威風八面，裝扮五彩繽紛。八家將的特殊陣頭表演，隨著近年來熱鬧的遶境文化節，漸漸獲得重視，國外旅遊節目也偶有採訪報導，一條新民俗藝術之路正逐漸成形中。

疏〉上書康熙，其中論道：若棄守台灣，將來西方列強必再次占領，屆時清廷又得耗費大量軍力與時間攻下台灣。有了施琅此番兼顧內外情勢長遠考量的精闢論點，才讓康熙決定留下台灣。但康熙皇帝當初之所以留下台灣，僅為防止被他國占領，因此清廷對台灣實際上並不積極開發，不准台灣築城、不准大陸人民來台、不准台人當兵，這就是所謂的「消極治台」。

　　無論如何，在施琅的爭取下，台灣終歸是首度正式納入中國版圖，形成今日漢文化為主的面貌，這是施琅對台灣最大的影響。而施琅平台後，也一直居住在台灣，成為「台灣王」，他將原明鄭的官田、營盤田、民田等，偷偷占為己有，這就是有名的「施侯租」。直到十九世紀後期，施琅後裔需要資金才將它們逐步變賣，但仍留下部分田地，大約在今日台南的將軍及學甲。將軍的地名，就因此而來。

　　另一個與施琅有關的說法，在連雅堂的《台灣通史》中曾提到「琅以惠、潮之民多通海，特禁往來」，此是說施琅不准廣東地區的客家人來台；若此說為真，便是左右後來台灣各族群分佈的一大關鍵，由此也可看到施琅對台灣影響力確實相當深遠。

台南將軍鄉

今台南縣將軍鄉位於北門鄉之南，與北門和七股兩鄉同為台南縣濱海三鄉之一。「將軍」之名，相傳因清將施琅將軍靖台有功而名。（王正翰攝影）

2. 台灣人的祖先是偷渡客：原鄉、羅漢腳與械鬥

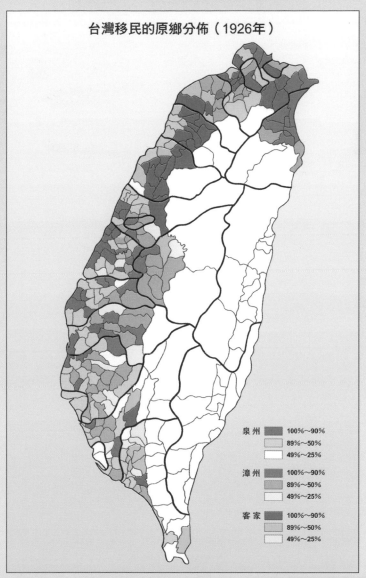

台灣移民的原鄉分佈（1926年）

泉州　100%～90%
　　　89%～50%
　　　49%～25%

漳州　100%～90%
　　　89%～50%
　　　49%～25%

客家　100%～90%
　　　89%～50%
　　　49%～25%

資料來源：施添福《清代在台漢人的祖籍分佈和原鄉生活方式》，
《漢聲雜誌》第十九期，1988（重繪）。

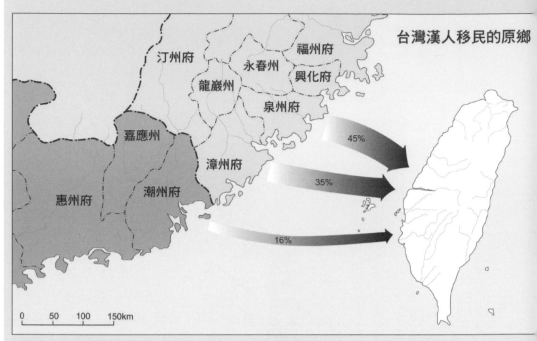

台灣漢人移民的原鄉

汀州府　永春州　福州府　興化府

龍巖州　泉州府

嘉應州　漳州府

惠州府　潮州府

45%

35%

16%

0　50　100　150km

資料來源：周婉窈《台灣歷史圖說》，頁67，1997（重繪）。

　　清政府對於台灣，是採取不鼓勵開發的「消極治台」，但中國大陸與台灣鄰近的福建（閩）、廣東（粵）兩省，因人口壓力過大、糧食不足，當地人民紛紛外移。面對富庶的台灣，這些移民群自然是不會放過，於是一波波的藉由偷渡方式進入台灣，構成日後台灣的主要居民。

BOX 6 ｜ 瘋媽祖 ｜ The Story of Taiwan

　　「媽祖」是以中國東海沿海為中心的海神信仰化身，民間傳說其俗世本尊為宋朝初年出生於福建湄洲島的林默娘，在北宋被奉為海上守護神而崇拜風氣日增，後受宋高宗賜封為靈惠夫人，遂成官方承認的神祇，地位更加鞏固，傳佈到山東，並隨著華人足跡遠播東南亞、日本。在各地天后宮中，可見各種面相的媽祖像，兩大護法千里眼、順風耳分立左右，為媽祖聽取觀察民情。媽祖信仰歷經千年，影響力不減反增，大甲鎮瀾宮近年廣推媽祖文化，遶境進香活動盛況堪稱「瘋媽祖」現象，鑽轎底求平安的人數屢攀新高。

原鄉與居住地

來到台灣的先民，主要是以靠海的漳州府、泉州府與粵籍的客家人為主。這些居民來到台灣後，通常會與原鄉者居住在一起，於是泉州人居住在海港旁，以經商為主，例如「一府二鹿三艋舺」的台南（府城）、鹿港、萬華（艋舺）都是泉州商人。漳州人則多半居住在平原，如彰化平原、嘉南平原。至於客家人，則居住在北部的桃竹苗山區，與南部的屏東六堆地區。

為何會如此分佈？目前存有兩種解釋：首先是「先占先贏」之說，有人認為來台的先後順序是泉州、漳州、客家，因此條件較好的海港被泉州人占有，次一級的平原由漳州人開墾，最晚來的客家人只好往沒人要的山區發展居住。此種說法後來經學者提出修正，認為移民來到台灣的居住地，其實是與其原鄉生活方式有關，泉州人原本就是商人，自然在港口定居；漳州人原本就務農，當然在平原生活；至於客家人原鄉就是山地，自然選擇與原鄉相近的桃竹苗山區。

客家傳統服飾──藍衫

藍衫是客家婦女之傳統服裝，在客家文化的歷史中扮演著重要的象徵意義，展現出客家人刻苦奮發、勇敢堅強的內斂精神。
（六堆生活學院提供）

無論導因於哪一種說法，來自泉州、漳州與客家的先民，確實將他們在家鄉的生活習慣複製來台灣，各自祭拜自己家鄉的神祇，帶來原鄉口味的飲食，如此形成了今日台灣大部分的風貌。

偷渡悲歌

　　偷渡來台灣，其實不是簡單的事。台灣海峽夏季有颱風、冬季有強烈東北季風，渡過海峽其實潛藏許多危機，稍一不慎，就會翻船。而且要偷渡，必須躲避官方在海岸的巡邏，常常船東要靠近台灣時，發現岸邊有官軍巡邏，就會將偷渡者提前推下海，有時水太深而滅頂，有時一踩到海邊泥沙就會陷下去，辛辛苦苦存了許多錢，交給船東偷渡來台灣，結果還沒到台灣，往往就一命嗚呼。所以許多人以前主張台灣得名的由來，就是因為台灣海峽埋了太多的冤魂，所以叫做「埋冤」（以台語發音），後轉成相近的「台灣」，此說雖不正確，卻也反映出偷渡的危險及失敗率之高。

　　既然如此危險，為何還有許多人前仆後繼來到台灣，主要是台灣可供開墾之地很多，也能夠短期致富。例如著名的霧峰林家，其開台祖林石就是從漳州偷渡來到大里杙（今日台中縣大里市附近），短短幾年就有所成，還回到大陸，將其林姓宗親帶來台灣。如同林家的例子，就這樣在全台各地上演。

羅漢腳與械鬥

　　偷渡來到台灣的先民，有幾個鮮明的特點：第一、他們知識程度不高，屬於中下階層的遊民，就是因為如此，他們才無法在中國大陸謀得較好的出路。第二、他們多半是單身男性。由於他們大多衣衫藍縷，狀似廟裡所拜的羅漢，因此

BOX 搶孤 | *The Story of Taiwan*

　　搶孤是閩南地區在中元普渡過後到鬼門關之間所進行的一種廟會民俗活動，將祭祀過後的供品讓民眾搶奪。屏東恆春和宜蘭頭城的「搶孤」活動尤負盛名，活動前先搭好數十公尺高的「孤棚」，再搭「孤棧」，其上擺放供品以及旗幟，搶得順風旗者，據傳可獲得神鬼的庇護。不過在棚柱上卻特地塗滿牛油，增添攀爬孤棚的難度，清朝時期劉銘傳曾經下令禁止危險性高的搶孤活動。

這些人被稱作「羅漢腳」，構成了清代台灣社會的主要分子。這也使清初台灣與中國大陸的治理風格明顯大不同，發展已久的中國大陸，地方鄉間多半由中過科舉、當過官的「鄉紳」們主持地方事務，而台灣此時還沒有這種「鄉紳」階層，大家只好比拳頭大，因此社會械鬥變亂不斷，地方領導者多為帶著流氓氣息的豪強。

這些隻身在外、靠勞力「賺食」的遊民，為了保護自己，常循著「結拜」及結黨的習性，形成小圈圈，再加上漳、泉、粵壁壘分明的地域觀念，雙方往往動不動為了細故就大打出手，嚴重者甚至釀成兩大集團的械鬥事件，清朝官員更書下「三年一小反、五年一大反」的形容。而清代初期在台的官員，操守自然是也好不到哪兒去，時常造成「官逼民反」的事件；清代三大民變事件：朱一貴、林爽文、戴潮春，規模震動全台，逼得清廷非派大軍入台鎮壓才告終結，這幾乎成為清代台灣的常態。

六堆天后宮

六堆天后宮是六堆客家最古老的媽祖廟，不僅為六堆人士信奉媽祖之所，亦為當年六堆組織商議軍計的主要場所。
（六堆生活學院提供）

3. 清代台灣三大民變：
朱一貴、林爽文、戴潮春事件

清代台灣的一大特徵，就是民間叛變特別多，這種現象一直到日治初期才告一段落。之所以如此，除了前述，清代台灣人民的組成是以偷渡者為主體外，這些人因無恆產、家累，遇有不滿就容易直接動用武力解決。另一個原因就是台灣地屬中國邊陲，好官不願來此，來此任官者，多半品行不佳，抱著來撈一票的心態，於是吏治不佳、貪汙橫行，衍生出官逼民反。根據清代的官方統計，台灣在清領的兩百一十二年間，前後共發生了七十多次的民變，平均恰好三年一次，正實際符合「三年一小反、五年一大反」的說法；這其中有三次最大的民變，分別是1721年的朱一貴事件、1786年的林爽文事件與1862年的戴潮春事件。

朱一貴事件

朱一貴事件是清廷將台灣納入版圖後，首次發生的大規模叛變，逼就清廷對台灣加以重視。朱一貴最早在羅漢門（今高雄縣內門鄉）養鴨，由於其養鴨技術高超，鴨群行走時都聽從他的指揮，說東就東、說西就西，讓大家嘖嘖稱奇，便稱呼他為「鴨母王」；他又喜歡在鴨寮款待朋友，故吸引許多三教九流朋友，在其鴨舍談論時事。當時的台灣知府王珍作威作福，四處徵稅，導致民怨叢生，這些朱一貴的朋友每每談及，氣憤之情溢於言表，最後共商舉事，推朱一貴為王。巧在朱一貴姓「朱」，遂附會其為明皇室後代起事。

朱一貴起事後，在下淡水溪一帶（約今日屏東縣）的客籍領袖

朱一貴事件戰場——春牛埔

朱一貴起事抗清，與客籍領袖杜君英合作，兩者聯軍攻入府城，與清軍於春牛埔發生激戰，大敗清軍。春牛埔即圖中今台南東門城一帶。（戴子堯攝影）

六堆忠義祠為紀念六堆客家先民保衛家鄉而犧牲的烈士祠,更是六堆客家人的精神堡壘。
(六堆生活學院提供)

藍廷珍率領,分為三路攻打,朱一貴軍不敵,最後朱一貴被捕,送京師處死,其間僅短短兩個多月。

天地會與民變: 林爽文、戴潮春事件

朱一貴事件後六十五年,西元1786年,台灣再度發生一次驚動北京朝廷的民變,且此次不像朱一貴事件來去匆匆,持續達兩年多,讓身為盛清時期的乾隆皇帝,將其

杜君英也派兵與朱一貴合作,兩者聯軍攻入府城,在春牛埔(今台南市勝利路)大敗清軍,清廷官員紛紛渡海逃到澎湖,起義軍短短十餘日就占領全台,建都府城。但勝利來得快也去得快,杜君英原本想立其子杜會三為王,遭眾人反對,仍擁朱一貴為王,後又因杜君英亂搶民女,使得朱一貴與杜君英決裂,杜君英北走。在下淡水溪的客家鄉親,也因為杜君英與朱一貴分裂,以其居住地分為「六隊」對抗朱一貴派來的軍隊,這也是後來屏東客家「六堆」的由來。

朱一貴在內部分裂下,元氣大傷。清朝大軍又由福建水師提督施世驃(施琅之子)及南澳鎮總兵

朱一貴事件中的關鍵人物杜君英為屏東客籍的領導人物,今日在六堆地區仍有祭拜杜君英的廟宇。
(六堆生活學院提供)

納入生平的「十大武功」之一。再隔七十六年，1862年，又爆發為期三年的戴潮春事件，兩者規模之所以如此，乃是因為這兩個事件都與「天地會」有關。

「天地會」乃是清代著名的民間祕密會社，宗旨是反清復明，原相傳是明鄭時陳永華所創立，近幾年考證結果，乃是漳州人萬提喜所創。天地會傳入台灣後，與台灣喜歡結拜互助的風氣相通，使得天地會傳遍各地，成為台灣最具影響力的地下組織。

以1786年林爽文事件為例，林爽文與霧峰林家開台祖林石一樣居住在大里杙，同為林姓族人，他為人海派，後來加入天地會後被推舉為老大。有一次，諸羅縣有兩兄弟因爭奪家產失和，雙方各擁人馬，組成「添弟會」與「雷公會」，並互相告官，後其中數名遭官員逮捕，其同黨劫囚時，殺死官員，遂逃至大里杙找林爽文保護。在此情形下，天地會被迫起事。

起事時林石不願林姓家族捲入此事，將林爽文藏匿於山中。當天地會攻破彰化縣城時，林爽文不得不出面領導，後與南部莊大田合作。莊大田攻下鳳山後，兩軍相約攻府城但失敗，從此進入與官軍相持的局面，最後直到乾隆派遣福康安來台，才打破僵持局面，成就乾隆的「十大武功」。

台灣民變的一大特色就是起事者往往無法獲得不同族群的合作，清廷政府卻很擅長利用不同族群來幫助他們平定亂事，例如在林爽文事件中，客家族群相當堅定地反抗林爽文，出兵援助政府軍，清廷

鐵砲碑

戴潮春事件中，支持戴潮春的群眾攻打霧峰林家，林家以寡擊眾，戴潮春最後敗下陣。圖為林家後代為紀念此事所立之碑。（王御風攝影）

特別褒揚他們為「義民」,這成為日後客家族群的特色之一。此外如諸羅縣民也力抗林爽文大軍,乾隆為「嘉」其「義」行,特別將其地名改為「嘉義」,可看出乾隆對此事件之重視。

而事隔七十六年後的戴潮春事件,更能突顯台灣民變的分類械鬥本質。戴潮春及其同伴們的起事,主要是針對同區域的霧峰林家,便與霧峰林家夙有恩怨的家族起事共同對抗林家,因此事件時間雖然久,但多半在攻打林家;而林家因家中可戰之兵多跟隨林文察至大陸作戰,僅能守住家園,最後等到林文察奉准帶兵返台後,才結束此事件。

剿林爽文、戴潮春亂之功牌

彰化天地會首領林爽文起義失敗,1788年被綁赴北京受審處以極刑。戴潮春(又名戴萬生)1864年遭清兵圍困敗亡。同治二年(1863年)歲末,清廷特頒發助剿林、戴兩大民變的五品軍功功牌。(國立台灣歷史博物館提供)

4. 台灣人的開墾與商業精神

清代台灣最重要的事蹟，就是漢人的「開墾」。這個「開墾」其實是漢人如何將平埔族或原住民的土地占為己有，也因此，以往以漢人為出發點的歷史，強調漢人在「開墾」過程中所碰到的阻礙及爭鬥，其實是平埔族或原住民保衛家園不得不採取的手段。隨著漢人的逐步開發，平埔族也跟著同時失去土地，流離失所。

漢人的開墾由南向北，最後才到東台灣。在整個開墾過程可看出台灣人的商業精神，就算是開墾，也懂得運用現代公司的型態，集資共同奮鬥。當時台灣的土地，分為無主地與熟番地，無主地的開墾，需要向官方申請，熟番地則因為清代官方禁止漢人向「番地」開墾，因此僅能私下向原住民承租。

這些向官方或原住民申請的代表，通常較有能力或財力，這些人就是「墾戶」或「業戶」，他們需要向官府或原住民繳納「大租」，故此稱為「大租戶」。實際上，「墾戶」所申請的土地相當遼闊，因此實際耕種者並非「墾戶」，而是再分租的「佃戶」，也就是實際耕作的「田主」，他們必須要繳交租稅給大租戶，因相對於大租，稱之為「小租戶」。

開墾土地之後，最重要的首選工作就是要種水稻，因此大規模的水圳開發，也是清代的重要工程。如八堡圳、大安圳等水利工程都在清初完成，使台灣米產量急增，得以銷往大陸。

BOX | 曹公圳 | *The Story of Taiwan*

在清代台灣所開設灌溉水圳中，唯有南部的曹公圳是由官方所開鑿。曹公圳為鳳山縣知縣曹謹於道光年間的1837年所建，曹謹是河南河內人，於1837年來台接任鳳山縣知縣，其就任後，發現鳳山地區雖然田園萬甲，但因水利不興，一遇乾旱，地方就歉收，因此召集地方仕紳及工匠，在九曲塘攔下淡水溪（今高屏溪）水，開圳引水灌溉，鳳山地區田園二千餘甲，1838年台灣道姚瑩勘查後，為嘉獎曹謹之功，命其名為「曹公圳」。

曹公圳開設後，大大提升了鳳山地區民眾的開墾效率，而曹謹在任期間勤政愛民，深獲得當地人民的愛戴，其過世後，當地更興建「曹公祠」紀念，時至今日，鳳山地區尚有曹公國小、曹公路紀念曹謹。曹公圳近年來也在地方政府的重建下，成為當地人民休閒的好去處，行走其間，可以緬懷先民當年開墾之辛苦及曹謹對地方的貢獻。

高雄建築系明信片——曹公圳 （高雄市立歷史博物館提供）

今曹公圳貌

（王御風攝影）

不管是集合眾人與官方或原住民簽約、開墾，或是開鑿水圳，其實都需要籌募大量的資金及能夠駕馭「羅漢腳」的豪強型領導人物，才能夠完成這些艱困工作。因此從清代初期開始，台灣的開墾行為即帶有濃厚的「資本主義」精神，許多發跡者不但有開拓者的豪強性格，也擅於投資，與中國當時傳統社會的「仕紳」不同。不過這些領導人累積財富後，也開始培養下一

代讀書求取功名，台灣的社會遂而漸漸向中國內地看齊。

台灣米大量出口，台灣島內也需要許多大陸的物產，於是台灣各港口的商業行為急速崛起，「一府、二鹿、三艋舺」成了商業重鎮，許多商人紛紛成立公會，稱為「郊」。值得注意的是，清代「郊」的分類，早期是以銷往大陸的貿易出口地為主，如台南的北郊（輸往北方港口）、南郊（輸往

土牛線

土牛線，是清朝在台灣劃分漢人與原住民活動區域的界線，有堆土（遠望似牛群，故稱土牛）、立石碑等方式，也有挖溝或以天然河溝為分界，所以又稱土牛溝。在土牛線內的山區，就是漢人不得進入的番界，一來是避免漢人誤入生番出沒地而遭不測，二來也嚇阻漢人不得進入番地私墾，以求讓兩者相安無事，且避免勾結叛亂。不過清領時期，漢人還是不斷越界開墾、伐木，侵削原住民的生活資源，造成漢番之間的衝突日漸嚴重。

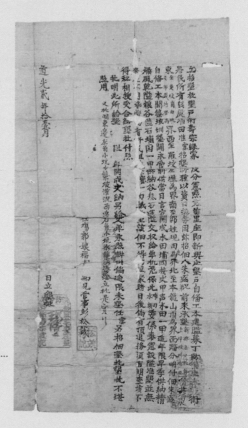

墾戶招佃墾照

道光二年（西元1822年），竹北二堡民隘墾戶招佃時，官府所發放的墾照。
（國立台灣歷史博物館提供）

南方港口），鹿港的泉郊（輸往泉州）、廈郊（輸往廈門）；到了晚期，則以單一貨品進出口的「郊」出現，如「糖郊」、「布郊」等，一如今日的「糖業公會」、「布業公會」。以上種種，皆可看到台灣人的商業精神貫穿其中，可謂是台灣人的重要特質。

鹿港老街 昔日漢人來台開墾之時，台灣各港口的商業活動急速崛起，鹿港即為當時最為繁華的商業重鎮之一，出口台灣的稻米、糖與農特產。今日的鹿港老街，遍佈超過百年歷史的老店面。（李靜姿攝影）

參考書目

施偉青，《施琅評傳》（廈門：廈門大學，1987年）。

施添福，《清代在台漢人的祖籍分佈和原鄉生活方式》（台北：漢聲，1988年）。

陳其南，《台灣的傳統中國社會》（台北：允晨，1991年）。

賴福順，《鳥瞰清代台灣的開拓》（台北：國立編譯館，2007年）。

林偉盛，《清代台灣社會與分類械鬥：羅漢腳》（台北：自立，1993年）。

謝國興，《清代台灣三大民變：官逼民反》（台北：自立，1993年）。

《漢聲雜誌》第十九期、二十一期。

第五篇

寶島大家搶
清末台灣的強化建設

1. 洋鬼子來了：開港與外國傳教士

西元1840年，在中西歷史上是相當重要的一年，英國為了進口鴉片到中國遭拒，向清廷開戰，這東、西兩大強權的交手，史稱「鴉片戰爭」。結果中國大敗，簽下了《南京條約》，不得不開放港口，西方勢力從此進入中國。西方列強到這時恍然大悟，中國原來是隻中看不中用的「紙老虎」，食髓知味之下，接二連三恃其強大武力對中國索取特殊權利，由此寫下了一篇動盪的「中國近代史」。大清帝國雖未淪為某一西方強權的殖民地，但在西方列強瓜分之下，變成孫中山先生所言，比殖民地更次一級的「次殖民地」，而台灣的命運也因此有了絕大改變。

西元1856年，英、法兩國因換約等問題與中國發生戰爭，史稱「英法聯軍」之役。中國在此戰敗後所簽訂的《天津條約》，開放了更多通商口岸，其中包含台灣的滬尾（今台北淡水）與安平（今台南

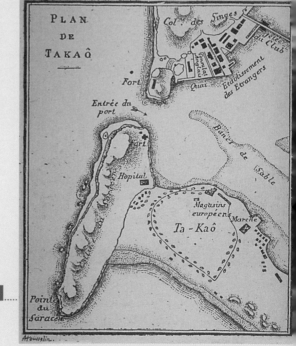

1893年的打狗港地圖

此為1893年打狗港的地圖，「打狗」即今高雄。（好讀出版資料庫）

安平），還有他們的兩個子港口：雞籠（今基隆）與打狗（今高雄），外國商人及傳教士從此進入台灣，帶來了許多「舶來品」新事物。

影響台灣最巨的傳教士：馬雅各、馬偕

來到台灣的外國人，主要是政府官員、商人與傳教士，為台灣帶來許多新觀念，他們之中，以外國傳教士對台灣的影響最大。歐洲各國在中古時代深受基督教影響，上自王室貴族，下至黎民百姓，均對宗教持有高度的熱誠及信仰，後來雖分為舊教（羅馬公教，即天主教）及新教，但熱切要將上帝福音傳給海外非教徒的心情是相同的。時至今日，我們仍可在街上看到許多來台灣傳福音的年輕傳教

打狗英國領事館

《天津條約》的簽訂，使台灣被迫逐步開放通商口岸，打狗為其中之一。圖為英方為拓展對台貿易的經濟利益，於打狗設置的領事館。（王正翰攝影）

淡江中學

淡江中學昔稱淡水中學、淡水高女,為加拿大長老教會宣教士馬偕博士所創立,是一所經歷了清、日、民國三個時代的百年老校。(王正翰攝影)

士的身影。出於這種熱誠,他們甘於離鄉背井,來到全然陌生的台灣島,努力融入此地社會,所獲得的成果也最豐碩。

外國傳教士來到台灣,天主教是以道明會,新教則是以長老教會為主。由於基督教主張一神論,教徒不能祭拜其他神祇,與台灣民情有別,再加上外國人挾帶優勢武力來到中國,通常強取豪奪,一般民眾對外國人的印象都不太好,使得傳教士之路格外艱辛。為了順利在台灣傳教,他們仔細觀察,發掘台灣最缺乏西醫與教育,順此脈絡成功打入台灣社會,改變了台灣的教育及醫療面貌,今日台南的「新樓醫院」、「長榮中學」、「長榮女中」,北部的「馬偕醫院」、「淡江中學」,都是當時所開創。以下就介紹兩位最具代表的傳教士:馬雅各與馬偕。

馬雅各(James L. Maxwell)是蘇格蘭人,畢業於英國愛丁堡大學,後至柏林和巴黎大學醫學院深

造，他決心獻身於海外傳教，是英國長老教會第一位派駐台灣的海外宣教師。1865年馬雅各抵達台灣後，目標鎖定當時台灣府城安平，但到府城後，當地謠傳他會殺害漢人取腦漿，民眾恐慌不已，官府諭令其離開。他只好回到最初來到台灣的打狗旗後（今旗津），興建禮拜堂和醫館，更進入平埔族與原住民的住地行醫，後在1868年重返府城興建醫館及教會，這間醫院被稱為「舊樓醫館」；1875年英國宣教師們新蓋一間醫館，被稱為「新樓」，也就是今日「新樓醫院」的前身。

另一位以醫療聞名的傳教士是馬偕牧師（Rev. George L. Mackay），他是加拿大長老教會派到台灣的第一位傳教士，於1871年到達台灣，主要根據地在北部的滬尾。雖然馬偕不是受專業訓練的醫師，但他在神學院時期，曾跟醫生學習醫學知識，他看到在台醫療傳教方式的可能，因此在1879年，於滬尾興建「滬尾偕醫館」，為今日「馬偕醫院」前身。

馬偕的治病，最為人津津樂道的是拔牙術。馬偕發現台灣居民缺乏口腔衛生的習慣與知識，有了一口蛀牙也不知該怎麼辦，於是開始為病人拔牙，後來因效果奇佳，一傳十、十傳百，常有大批人馬排隊等著讓馬偕拔牙，意外讓馬偕的傳教廣被接受。

馬偕紀念醫院
（王正翰攝影）

滬尾偕醫館
馬偕博士所建的「滬尾偕醫館」，為台灣第一所西醫院。後來在日治時代，為了擴充規模而遷於台北市，即為今日的「馬偕紀念醫院」。（王正翰攝影）

除了醫療外，馬偕也致力於教育推展，1882年建成的「牛津學堂」（Oxford College），為台灣最早的學院，帶進了西方的現代化教育。1884年，馬偕又在牛津學堂東側興建「淡水女學堂」，成為台灣女子教育的先鋒。後來牛津學堂遷至陽明山，輾轉成為今日的「台灣神學院」，淡水舊址成為「真理大學」，而淡水女學堂則是今日淡江中學的前身，可看出馬偕對台灣教育的貢獻。

除了馬雅各與馬偕外，還有許多為台灣引進新事物的傳教士，如創辦台灣最早新聞刊物《台灣府城教會報》的巴克禮牧師（Rev. Thomas Barclay）、盲人教育之父甘為霖牧師（Rev. William Campbell）等，兩人對台灣的貢

台灣史小百科

馬偕的拔牙

馬偕醫師在台灣的傳教，最著名的就是「拔牙」。他從1873年開始行醫後，親自為病人拔掉兩萬一千顆以上的牙齒。學生們及其他牧師所拔牙的數目，僅及此數目的一半。馬偕的拔牙並不像今日，在診療室中打著麻藥、聽著輕柔音樂，進行拔牙，而是作為大庭廣眾下唱聖詩、唸經、傳道、發點心、教義問答等儀式中的一部分。有時其程序是先發藥、拔牙，再唱詩歌，有時則是先唱詩歌，然後大家再排隊一起拔牙。

理學大書院

1882年建成的「牛津學堂」，即「理學堂大書院」，為台灣第一間西學學堂，也是台灣神學院、淡江中學和真理大學的搖籃地。（王正翰攝影）

獻,深受後人懷念,如台南市還有以巴克禮為名的「巴克禮紀念公園」,感念他們開啟台灣不一樣的視野。

產業的轉變:茶、糖、樟腦的崛起

開港後對台灣最大的影響,除了外國人及傳教士帶來新事物外,最重要是改變了台灣對外的貿易方式,讓台灣從原來的兩岸貿易被釋放出來,重新回到全球貿易網絡中。此時台灣所出產的主要產品:米、糖、茶、樟腦,後三者廣受其他地區歡迎。

糖產地在南部,最主要銷往日本,這促使打狗港的糖商崛起,如日後在日治時期成為南部首富的陳中和此時就在順和棧當學徒,開啟他的黃金人生。

茶產地則主要在北部,茶原產自中國,引進英國後,深獲喜愛,全國形成濃厚飲茶風氣,這連帶使得台灣茶成為外銷的主要產品,大稻埕茶商因此興起。位於深山內樟樹所提煉的樟腦,台灣產量高居世界第一,吸引全世界商人齊聚台灣搶購,雖引發外商與政府、原住民間的爭執,卻讓台灣賺進了大把外匯。

開港之後,台灣不再是個邊陲小島,而是大清帝國少數能夠寫下出超紀錄的地區,但卻也讓外國列強更加覬覦。另一個更重要的影響是,由於茶與樟腦的銷售網集中在北部,使得台灣的商業中心漸漸北移,府城不再重要,取而代之的是茶商聚集的台北。就這樣,在十九世紀晚期,台灣的重心完全翻轉,北部成為政治、商業中心,直到今日。這可說是這段時間最大的變化。

德記洋行

位於台南安平的原英商德記洋行創建於1867年,當時大多從事茶、砂糖、樟腦等大宗貨物交易。(王正翰攝影)

2. 日本侵台的先聲：牡丹社事件

西元1874年發生的牡丹社事件，對台灣而言，可謂影響深遠。這次事件種下二十年後日本將台灣納為殖民地的動機，同時在此事件中，清廷讓日本獲得可併吞琉球的「證據」。日本遂此邁向軍國主義之路。

日本出兵的動機

明治維新後，日本開始思考對外關係，尤其是鄰近的大清國、朝鮮（今南北韓）、琉球（今沖繩）等地。日本首先在西元1868年（明治元年）遞交國書給朝鮮與大清國，但日本、朝鮮兩國心結已深，於是朝鮮拒收這份國書，此舉讓日本相當生氣，更興起「征韓論」，其中以木戶孝允主張最力；實際上，「征韓」的舉動可以轉移當時舊武士的精力，避免內亂的發生。日方同時也開始與西側的大清國協商訂約之事。

除此之外，日本開始計劃將琉球收入版圖。西元1871年，日本開始進行所謂的「琉球處分」，同年又發生琉球居民漂流到台灣南部時遭原住民殺害之事，讓日本可供利用，開始思考征台之事。1872年，曾經在台灣處理「羅妹號」事件的美籍人士李仙得被聘為日本顧問，李仙得以其經驗，提出大清國不認原住民為其所管轄的觀點，建議日本可藉機出兵。

在李仙得的指導下，外務卿副島種臣趁著前往大清國簽訂中日修好條約之際，派其副使柳原前光詢問殺害琉球居民的「生番」是否屬於大清國管轄，受訪者不知其意，回答生番置之化外，不受大清國管轄。日本獲得希望的答案後，加緊準備，更派遣樺山資紀與水野遵來到台灣調查。

但究竟要「征台」與否，還需要看日本國內政局的發展，在1873年，以西鄉隆盛為主的「武斷派」主張征韓，但大久保利通的「內治派」則認為應該先注重國內發展。兩派爭論不休，最後在天皇裁決下，內治派獲得勝利，但武斷派相當不服氣，甚至引發內亂，為了轉移內部的不滿，同時解決琉球問題，內治派改採「南進」政策，決定出兵台灣。

雄鎮北門 牡丹社事件後，清廷命沈葆楨來台辦理海防事務，雄鎮北門與旗後砲台皆為當時所建，共扼打狗港。（王正翰攝影）

進軍台灣

　　日軍出兵後，英、美列強大為震驚，要求日軍中止，但日軍不理會勸阻，於1874年5月登陸射寮（今屏東縣車城鄉射寮村），並與牡丹社等原住民展開戰鬥。令人真正感到驚訝的是，清廷對此一無所知，直到英方告知才慌張應對，派遣船政大臣沈葆楨負責，鞏固台灣南部防務。而此時日軍難能抵禦台灣南部的瘴疾，已無戰力，最後接受談判。但在談判過程中，日軍擺出「不惜一戰」的態勢，逼使一心求和的清廷節節讓步，在《北京專約》中承認日軍為琉球居民出兵是「保民義舉」，等於承認琉球為日本領土，讓日本順利併吞琉球，將下一個目標對準台灣。

　　1874年的牡丹社事件可說是日本軍國主義的初試啼聲，獲得非常滿意的結果，種下二十年後占領台灣的契機。

3. 火車、砲台、電報：台灣建省與自強運動

1874年的牡丹社事件，對清廷有如當頭棒喝，發現原來各國列強對台灣都有極高興趣，於是清廷改變長久以來「消極治台」的政策，甚至把清廷正大力推動的「自強運動」搬過來，開始積極建設台灣。

所謂的「自強運動」，是中國在經歷鴉片戰爭、英法聯軍後痛定思痛的改革運動，從西元1861年正式啟動。對大清帝國而言，他們深信之所以戰敗，純粹是武器不如人，而非制度面有所缺失，因此「自強運動」偏重於軍事設備的改良和製造。反觀同樣被西方轟開大門的日本，則是全面檢討，實施全面西化的「明治維新」。兩者最後在1895年的甲午戰爭中交手，孰料這場大戰卻決定了往後半世紀台灣的命運。

沈葆楨的台灣藍圖

沈葆楨是牡丹社事件後急派來台灣善後的欽差大臣，他在台灣停留七個月後，推行許多重要的改革，其中影響最大者是建議福建巡撫在冬、春兩季駐台（即半年駐台），並重劃行政區，將原來的一府改成台灣、台北兩府，並增設恆春縣、淡水縣、新竹縣、宜蘭縣、

旗後砲台

清廷為扼守打狗港整體安全，聘西人督造「旗後砲台」，成為高雄旗後第一座中西合璧式砲台。（王正翰攝影）

日清海戰之圖

基隆廳、埔里社廳等，這可說是台灣設省的先聲。

除此之外，他在海防上興建各地砲台，如安平砲台、旗後砲台，遭逢西方列強侵台時可與之周旋；在民心上承認鄭成功的地位，興建延平郡王祠；對於原住民，則推行「開山撫番」政策，意即開設道路進入原住民居住區域，不再將其視為化外之地。沈葆楨的規畫，可說是敲下了晚清對台灣建設的基石。

但沈葆楨的規畫，實際操辦起來仍有難處。居於東海沿海區的福建及台灣兩地的事務相當繁雜，要福建巡撫以半年時間分別處理，實在是強人所難，所以接下來的福建巡撫無法如規畫中來台；後來在丁日昌建議下，清廷也放棄此要求，改為都撫輪流巡台。前後來台的巡撫，如丁日昌、岑毓英等人對台灣亦有所貢獻，如丁日昌架設電線、整頓軍隊，岑毓英選定橋孜圖（今台中市）為未來省會等，都是自強運動在台灣的前期工作。

中法戰爭與台灣建設

實際上，前述各位巡撫皆有一共識，即台灣的建設需要有大臣專職處理，而此唯一解決方式就是台灣建省，設置台灣巡撫。可是清廷一直以來不願讓台灣建省，遂使此

問題拖延，直到中法戰爭發生。

西元1884年，法國為爭奪向來是中國歷代藩屬的越南，而與大清帝國爆發中法戰爭。為了逼迫大清，法將孤拔（Amédée Courbet）所率領的遠東艦隊，先攻擊福建馬尾，殲滅南洋水師，後於1884年10月轉至台灣進犯雞籠（基隆）與滬尾（淡水），清廷派遣淮軍大將劉銘傳來台應戰。法軍雖攻占雞籠，但在滬尾被擊敗，兩軍展開長期對峙，同時在海上封鎖台灣，直到1885年6月中，法兩國簽下《天津和約》為止，而法將孤拔也因傷重，於6月11日亡於澎湖馬公。

首任台灣巡撫劉銘傳

中法戰爭讓清廷對台灣的重要性有更深入的理解，於是在1885年10月宣布台灣建省，以成功護守住台灣的劉銘傳為首任台灣巡撫。劉銘傳上任後，首先劃分行政區、新設職官，更大刀闊斧地進行各項建設與改革，這些建設，便成為日後大部分討論台灣「自強運動」的主要內容。

劉銘傳在台灣最著名的建設是鋪設基隆到大稻埕的鐵路，其他還有電報、郵政、新修道路等現代基礎建設，並開辦西學堂、設立撫墾局，開始積極對原住民進行治理。

滬尾砲台

中法戰爭後，劉銘傳深知台灣海防的脆弱及重要性，遂加強台灣海防的建設，聘請外籍建築師於淡水督造兩座砲台，一為「北門鎖鑰」，即今之滬尾砲台，另一為「保固東瀛」，今已不見其遺跡。（均為王正翰攝影）

不過這位首任巡撫最重要的措施，是著手整理台灣混亂的地權。

台灣最早向政府登記開墾的大地主，往往土地涵蓋甚廣，不可能獨自耕作，於是將土地分給其他人負責，這些向大地主承租的小地主，又找來許多佃農耕作，於是形成所謂「一地兩主」的混亂現象。真正耕作的佃農，是繳納租金給小地主，也就是「小租」，小地主們又要拿出一部分的錢給大地主作為租金，稱為「大租」，而政府所收的稅，則是由大地主拿出大租部分上繳。

經過這麼多年，政府早已無法精確掌握開墾的土地數量，應繳租稅遭逃漏的情況相當嚴重，於是劉銘傳重新清丈土地，甚至希望直接向小地主課稅，後來受到大地主反彈，劉銘傳只好改為大租減四留六，大租十分之六還是給大地主，十分之四拿來繳給政府。經過清賦這一工程後，台灣的稅收大幅增加，卻也引起許多民眾的不滿。

除此之外，劉銘傳由於與台灣道官員劉璈間產生爭執，造成他在台灣南北的發展十分不

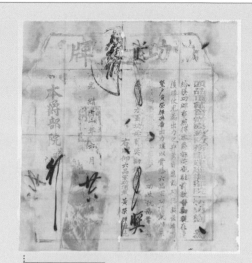

劉銘傳撫番功牌

劉銘傳於1885年成為台灣建省後首任巡撫，大舉開展清丈、撫番事業，卓有成效，光緒十三年（西元1887年）獲賜撫番功牌。（國立台灣歷史博物館提供）

台灣史小百科

台灣郵局的故事

劉銘傳在台灣的新政，帶來許多西方新事物，郵局即為一例。劉銘傳任台灣巡撫時，於西元1888年發布告示要設立台灣郵政總局，於同年3月正式開辦郵政業務，並在台北設立台灣郵政總局，也在全省各地廣設郵局，訂定遞送路線及時間。

日治時期稱為郵便局，日人剛來台灣時，因尚未平定全台，初期是軍郵系統，一直到1896年才開放給台灣民眾使用，台灣的郵政系統也在日治時期逐步完備。而且在日治初期，郵便局還兼掌剛發展的電信及電話業務，直到1920年才改設為「郵便局」、「電信局」、「電話局」。

戰後國府來台，原成立「台灣郵電管理局」，接收日人所建立的系統。不久，1949年中華民國政府遷台，交通部郵政總局跟著遷至台灣，繼續營業至今。

均衡。因為劉璈長期駐在府城（台南），與當地民眾交好，當劉銘傳排除劉璈後，府城民眾很不能諒解，故使得劉銘傳的新政幾乎都在北部實施，加速了台灣北部發展超過南部的日程。

劉銘傳在台灣短短幾年的自強運動，獲得了卓越的績效，備受肯定，但也因為開銷過大，政府不予支持。劉銘傳於1891年卸任，改由邵友濂接任，在財政困窘下，邵友濂對前任巡撫推行的許多事務加以限制，劉銘傳許多新政因此隨之宣告中止。

由於後面的日本統治者，讓台灣社會進入完全的現代化，惟許多人基於民族主義，主張帶領台灣進入現代化者是劉銘傳，而非日本統治者，中止劉銘傳新政的邵友濂也同時被譴責，這可說是台灣史上最難取得共識的爭議。實際上，劉銘傳對台灣的現代化可說是開了首例，但其新政有許多明顯缺失，時間長度上亦不足，真正讓台灣脫胎換骨應是在後面的日治時期，然而作為火車頭的劉銘傳之功勞確實不容抹煞。

前清淡水關稅務司官邸　清代海關分為兩種，一為常關，一為洋關，西元1862年滬尾洋關正式設立，又稱「小白宮」。（王正翰攝影）

4. 被割讓的孤臣：甲午戰爭與台灣民主國

西元1894年，清廷與日本為了朝鮮問題爆發戰事，結果清軍大敗，不僅清廷砸下重資籌建且引以為傲的北洋海軍全數被殲滅，日本陸軍更一路挺進，由朝鮮半島進入東北，逼使清廷投降，於1895年4月簽訂《馬關條約》。其中除了承認日本為朝鮮宗主國外，同時割讓出台灣、澎湖、遼東半島，台灣就此成為日本的第一個殖民地。

在大清決定將台灣割讓給日本後，在台官民展開了「自救」的活動，1895年5月25日，一個名為「台灣民主國」的國家正式成立。這個「亞洲第一個共和國」命運未維持多久，不過這段歷程說明台灣居民在大環境下的無奈掙扎。

台灣民主國黃虎旗
（國立台灣博物館提供）

《馬關條約》簽訂後，台灣各地人心惶惶，巡撫唐景崧聯合南洋大臣張之洞，希望能夠用外交手段挽救台灣，但在其他國家不願幫忙，大清國總理衙門（相當今日外交部）也表示其出面困難後，更不希望台灣此舉讓中日和議失敗，於是唐景崧決定成立「台灣民主國」，由他本人出任總統，自力爭取外援。

這個「亞洲第一個共和國」，實際上徒具形式，從其年號「永清」就知道，這批清朝大臣是永遠的大清子民，只是迫於局勢，不得不然，也因此，其凝聚力相當薄弱。唐景崧在民主國的總統就職典禮上，讓紳民行以「兩跪六叩」的封建朝儀，有別於對清帝的「三跪九叩」禮。這一切顯示出台灣民主國的建立，事實上是以「民主獨立建國」名義，作為阻止日本接收、統治此地的手段。

5月29日，日軍從澳底（今台北縣貢寮鄉一帶）登陸，隨即占領基隆，消息傳來，總統唐景崧於6月4日逃回廈門，僅僅上任十天就棄守台灣，台北城當時可說是陷於

無政府狀態的混亂，台北仕紳最後派出辜顯榮與日方接洽，請日軍入城。而台灣民主國駐守台中的丘逢甲、林朝棟也跟著跑到大陸，僅剩下人在台南的劉永福堅守崗位，台灣民主國可說是名存實亡。

這批仕紳組成的台灣民主國，碰到日軍幾乎沒有抵抗，而真正對抗日軍是由桃竹苗客家人組成的義軍，由胡嘉猷、黃娘盛、徐驤、姜紹祖、吳湯興所領導的義軍，讓日軍吃足苦頭。而這批義軍最後退守至彰化，與駐守當地的新楚軍，以及劉永福的黑旗軍結合，雙方在彰化展開一場激戰。結果義軍領袖吳湯興、黑旗軍領袖吳彭年戰死，彰化失陷，

不過日本的北白川宮能久親王也在此戰役中受傷，後來不治。

在遭遇義軍頑強抵抗後，日軍不敢掉以輕心，10月另派大將乃木希典與伏見宮親王率領兩支軍隊分別由屏東枋寮及嘉義布袋登陸，加上原來的部隊，對台南進行三面夾擊。10月20日，劉永福見大勢已去，由安平搭乘英輪逃離台南，台南仕紳同樣請日軍入城，台灣民主國正式瓦解。此時台灣僅剩下南部六堆的客家抗日軍做最後抵抗。11月，日軍在火燒庄（今屏東長治）打敗六堆抗日軍，台灣正式進入日本統治的時期。

台灣民主國壹大元官銀票

西元1895年，即光緒二十一年，台灣民主國建國，同時發行官方銀票。（國立台灣歷史博物館提供）

參考書目

吳學明，《近代長老教會來台的西方傳教士》（台北：日創社，2007年8月）。

藤井志津枝，《日本軍國主義的原型——剖析一八七一~七四年台灣事件》（作者自印）。

戴寶村，《帝國的入侵——牡丹社事件》（台北：自立晚報，1993年3月）。

許雪姬，《洋務運動與建省——滿大人最後的二十年》（台北：自立晚報，1993年3月）。

林滿紅，《茶、糖、樟腦與台灣之社會經濟變遷（1860~1895）》（台北：聯經，1997年）。

吳密察，〈1895年「台灣民主國」的成立經過〉，《台灣史論文精選 （下）》（台北：玉山社，1996年），頁11-54。

1.《六三法》到《法三號》：台灣總督府的建立

　　日本領有台灣後，所碰到的首道問題，就是該用何種形式來統治台灣。畢竟日本那時是第一個非歐美國家擁有殖民地，而日本也才剛全盤接受西方制度，因此對於台灣這塊新領土，究竟要將它視為與日本國內不同的「殖民地」，或是與日本國內相同的「領土延伸」，成為統治初期最重要的話題。

統治方式的爭論

　　就日本國內輿論而言，以福澤諭吉為主的一派，主張將台灣人放逐島外，改由日本人殖民台灣的「台灣住民放逐論」；另一派則以台灣事務局委員原敬為代表，主張同化台灣人來達成台灣制度的內地化「同化主義」。兩派爭論不休。

　　日本政府為了這個問題，也從世界上實施殖民最有經驗的法國、英國找來兩位顧問，兩者都以各自祖國的經驗提出建言。法國顧問建議基本方向上應仿效法國統治阿爾及利亞的成例，漸次地使台灣近似於日本內地，最終施行縣制。英國顧問則主張日本應以英國的殖民地統治制度為典範，根據英國「君主直轄殖民地」的模式，直接以天皇大權統治台灣，再由天皇將其對台灣的立法權力，委託給總督、高層官員及當地人所組成的殖民地立法機關來行使。

　　起初日本政府傾向法國顧問的建議，這與原敬等人主張的「同化主義」雷同，其實這也與日本受傳統東方「中原沙文主義」影響有關，認為日本既已開化成為東亞文化中心，就應「教化」四方蠻夷。但日方始料未及的是，台灣人民在日本領台後遍及全島的武力反抗活動，這些變化迫使日本政府覺悟須強化其在台灣的軍事力量，殖民統治政策也改傾向英國式統治方針。

《六三法》的制訂

在確定用英國方式統治後，日本政府在西元1896年（明治二十九年）陸續公布《拓殖務省官制》、《台灣總督府條例》及法律第六十三號（以下簡稱《六三法》），台灣總督即根據這些法令，於該年4月1日起在台灣開始施行民政。

根據《拓殖務省官制》及《台灣總督府條例》，台灣統治行政系統，是在帝國政府的內閣中設置拓殖務省，作為台灣事務的監督官廳；在台灣現地設置台灣總督府，作為實際統治台灣的執行官廳。台灣總督府設總督，為天皇親任官，並且明定必須由陸海軍大將或中將出任。台灣總督之權限，除了統理台灣之諸般政務，擁有所屬文官的人事任免、懲戒權之外，不同於一般的行政官僚，兼掌有軍事統率權和軍事指揮權，可說是君臨台灣的統治者。

至於台灣法律的體系，則由《六三法》規定，《六三法》之主要條文為：

第一條　台灣總督得在其管轄區域內，發布具有法律效力之命令。

第二條　前條之命令，應取得台灣總督府評議會之議決，經拓殖務大臣請求敕裁。台灣總督府評議會之組織，以敕令定之。

第五條　現行法律或將來發布之法律，其全部或部分需要於台灣施行者，以敕令定之。

第六條　此法律自施行之日經三年後，喪失其效力。

依照《六三法》規定，台灣總督能夠發布具有法律效力之命令，而第二條規定，對此律令議決的單位「台灣總督府評議會」，其組成分子又是總督府內部屬及總督指定人士，

皇太子巡行台灣照片

右圖為日本裕仁皇太子來台時，公小學校（即今國民學校）的學生們聚集在台北總督府前，手持日本國旗夾道歡迎的景象。
（高雄市立歷史博物館提供）

總統府

今總統府原是日治時代統治台灣半世紀之久的台灣總督府。國民政府遷台後，將之易名為總統府，而後成為台灣權力中樞所在地。（富爾特影像提供）

根本無從監督，因此總督府在擁有行政、軍事權外，又加上立法權，可說是總攬大權。

同時根據《六三法》規定，日本法律要施行於台灣，仍須經過敕令，說明此法是將台灣定位在「殖民地」的特殊地位，讓主張「同化主義」者無法接受。這也使得《六三法》每隔三年一次的續案都備受爭議，許多台籍知識分子更發起「《六三法》撤廢運動」，成為日後文化抗日的起源。1906年，《三一法》（法律第三十一號）取代了《六三法》，但兩者幾乎大同小異，直到1922年生效實施的《法三號》（法律第三號），才削弱總督的立法權。然就整體而言，台灣民眾實是被日本政府以殖民地方式看待，未與日本人民受到同等待遇，這也是為什麼日本政府雖然為台灣帶來現代化與繁榮，但仍無法完全獲得台灣民心的根本原因。

台灣史小百科

台灣茶葉之父──李春生

李春生（1838~1924），原籍福建廈門，是清末著名買辦。他十五歲學習英語，精通日語，1868年移民來到台灣淡水經商。他發覺台灣茶葉「茶葉嫩鮮、水色濃厚，氣味清香，洵為天下無匹」，因此開始經營茶行，成功地將台灣茶葉推廣銷售國外，成為北部大宗出口的商品。當時台灣南北的兩大巨商，南部是高雄陳中和，北部即李春生。李春生引日軍入城後，擔任日治政府高官，居中協調各方面與本地住民的紛爭。他同時也積極捐助台灣基督教會，出版相關思想著作，對基督教生根貢獻良多。

2. 日治時期的武裝抗日：
林少貓、噍吧哖與霧社事件

1895年日軍占領台灣島，雖然「台灣民主國」的抵抗僅曇花一現，但台灣民眾的抗日活動卻未曾中斷。日治初期，台灣各地均有民間的武裝抗日者活躍。這些民間武裝抗日者是清代民變的延續，還是基於民族意識的抗日，目前浮現許多爭論，但無論如何，他們都讓台灣總督府的統治面臨重重困難。總督人在台北城內辦公，便可聽到外頭的砲聲，不難想見其凶悍程度，足使日本初期的統治者傷透腦筋，甚至還讓日本政府一度考慮是不是要把台灣轉賣給其他國家。

林少貓的武裝抗日

在這些抗日團體中，北、中、南各有指標性的領袖人物：北部是簡大獅、中部是柯鐵虎、南部則是林少貓。我們以林少貓為例，來講述日軍與這些民間武裝抗日者的周旋。林少貓出生於鳳山縣萬丹（今屏東縣萬丹鄉），居住在阿猴，傳說其家中是開設碾米店，許多農民會將所種稻米送至林少貓家中加

工，久而久之，林少貓就成為當地的民間領袖。他常領導地下游擊隊襲擊日本官舍，最有名的是在1898年時，林少貓甚至占領了潮州城，震撼日軍。

1898年，新的民政長官後藤新平上任後，改採軟硬兼施的兩手策略，一方面制訂《匪徒刑罰令》用嚴刑峻法威嚇，另一方面則對於像林少貓這種厲害人物，給予各種優惠利誘，讓他們卸下武裝。後藤執政後，透過南台灣當地與日本政府合作的政商名流，向林少貓開出條件：只要林少貓離開山林，日本政府願意劃出一塊土地（約今日高雄市小港區後壁林一帶），讓林少貓自擁政府、軍隊和貨幣，等於是「一國兩制」，林少貓最後於1899年同意，建立自己的王國。

經過三年後，日軍逐步平定全台的民間武裝抗日者，遂於1902年5月撕毀其承諾，派遣大軍進入後壁林，殲滅林少貓的王國。林少貓死訊傳出後，台灣總督兒玉源太郎立即宣布當日為「全島治安完全恢復日」，風起雲湧的民間武裝抗

日，遂漸漸平靜了下來。

噍吧哖事件

　　在民間武裝抗日逐步被平定後，五十年的日治時期中只發生過兩樁大規模的反抗日人事件：一是1915年的噍吧哖事件，另一則是1930年的霧社事件。兩者的發動者不同：噍吧哖事件是漢人、霧社事件則是原住民，動機及所造成的影響也不同，故我們分別敘述，以下先討論噍吧哖事件。

　　「噍吧哖事件」（又稱「西來庵事件」）由余清芳、羅俊、江定三股力量匯合而成，並結合台灣民間信仰，有濃厚的宗教氣息。此三人都曾參加過日本治台後的抗日義軍，余清芳後來擔任台南廳的巡查補，辭職後常出入於台南廳各地的齋堂，也曾被日人拘捕管訓，後

以西來庵為基地，推廣反日運動，信眾都傳說他是有神力之皇帝。羅俊則主要在台中、彰化一帶活動，同樣以法力相號召，其宣稱習得符法，可以避刀彈。江定則在日人治台後以武裝進行抗日，後躲藏於山中。

　　1915年舊曆2月，羅俊與余清芳會面，兩人相見恨晚，開始籌備革命，約定由羅俊負責中北部、余清芳負責南部，江定也願意下山響應。但在5、6月間，其計畫被日本警方發現，羅俊變裝逃亡，在6月29日遭逮捕。余清芳則逃入山中與江定會合，7月襲擊甲仙埔支廳，8月3日襲擊噍吧哖支廳下南庄派出所，後轉攻噍吧哖（今台南縣玉井鄉），雙方激戰三天，余清芳才退入山谷，最後於8月22日落網，江定也在翌年4月下山自首。

　　日本政府對於余清芳的抗日行動，採取大規模的鎮壓屠殺，希望能達到嚇阻的作用。台南臨時法院在余清芳被捕後，判處了八百六十六名與事者死刑，一時

電影《一八九五乙未》劇照──義軍

西元1895年日軍占台初期，台灣各地均有民間的武裝抗日者活躍，許多客家義民自組成軍團，隨機突襲日軍，使得日本初期統治台灣時困難重重。（青睞影視提供）

之間引起日本國內社會輿論譁然，後才宣布減刑，但已有九十五名執行死刑。噍吧哖事件可說是下層民眾抗日的代表，其深信法力可以抵抗日本的槍砲，甚至不用武器，自此之後，漢人的武裝抗日亦告一段落，緊接而起是非武裝的文化抗日。

霧社事件

在日治時期的抗日運動，最為人所熟知者就屬「霧社事件」。霧社事件與前述漢人抗日行動截然

旗山郡加尼駐在所員警與原住民在所前合影

日本接管台灣後實施理番政策，曾試圖與原住民互動交流，只是後來仍然爆發如霧社事件的原住民抗日行動。圖為旗山郡加尼（音）駐在所員警與原住民的合影。（高雄市立歷史博物館提供）

不同，純粹以原住民為主體，這也是日本理番政策所遭遇到最大的打擊。日本政府到台灣後，發現清代保護的山林區，有許多如樟腦、檜木等珍寶，於是積極進行開發，這無可避免地挑戰向來以山林為家的原住民。

日本政府花了很多工夫打入山中，先用武力鎮壓，後來給予原住民許多「優惠」，讓其優秀子弟能夠念書、任官，也鼓勵到原住民部落任職的日本警察娶當地頭目的女兒，此一構想原本是要讓其統治更便利。但沒想到這些警察往往離職後，也丟下這些女子，貴為頭目的女兒，居然讓日本警察拋棄，對於原住民來講是莫大的羞辱。再加上勞役的負擔過重，以及彼此文化的差異，終於釀成霧社事件在1930年爆發。

霧社事件的領導人物是賽德克族馬赫坡社頭目莫那‧魯道，他與日本官方原本就格格不入，其妹妹也是嫁給日本警察並遭遺棄，讓他感到忿忿不平。1930年10月7日，日本巡查吉村克己經過莫那‧魯道家門口，當時莫那‧魯道家正為社中一對男女舉行婚宴，莫那‧魯道長男塔達歐‧莫那拉住吉村的手，邀請他享用宴席。吉村嫌酒席不乾淨，不願入內，最後用手杖擊打塔達歐‧莫那的手，這讓塔達歐‧莫那覺得是恥辱，於是毆打吉村。事後莫那‧魯道屢次赴駐在所請求官方處理，卻遲遲未見動作，莫那‧魯道擔心受到嚴懲，於是決心利用10月27日這一年一度舉行運動會及各項活動、展覽的日子起事。

當天馬赫坡社聯合其他五部落在清晨襲擊各駐在所，並在八時左右攻擊舉行運動會的霧社公學校，一時之間，哭喊聲響徹山谷，總共殺死一百三十九名日人。日本軍警隨後展開反擊，花了兩個月時間才平定起事的六個部落，而這六部落共有六百四十四人死亡，可說是一次令人怵目驚心的戰役。這起衝突事件更讓日軍重新思考其與原住民的關係。

台灣史小百科

國語傳習所

此處所指「國語」是日語，與現在我們所說的「國語」（北京話）不同。國語傳習所是日人統治台灣初期，台灣總督府要培養台灣人學習、瞭解日語的場所，是台灣最早的新式教育學校之一。其設立時間是1896年到1898年，分為甲科與乙科，甲科招收成年學生、乙科招收學齡兒童，乙科可說是日後公、小學校的前身，也是最早期的初等教育學校。

3. 打造殖民台灣的後藤新平

日本政府能夠在台灣統治長達五十年，其中最關鍵的人物就是兒玉源太郎總督時期的民政長官——後藤新平。後藤氏治理台灣期間，不僅平定了台灣此起彼落的民間抗爭，更擬定了台灣發展的方向，例如日本統治時期最重要經濟根基的製糖事業，就是在後藤新平時代敲定。要論對台灣最具影響的人物，後藤新平應可排入前幾名，而他對台灣人的評價：「愛錢、愛名、怕死」，至今仍讓人討論不已。

後藤新平是日本統治台灣後任期最久的民政長官，民政長官相當於今天的行政院長，其上還有一位總督，但因為初期的總督多由軍人擔任，常常在外地征戰，所以台灣的相關事務多半由民政長官處理。後藤新平與第四任的總督兒玉源太郎都在1898年上任，兩者合作無間，奠下日本治台的基礎。

在兒玉源太郎與後藤新平之前治台的總督與民政長官，對台灣民眾遍地烽火的抗日一點辦法也沒有，使得每年軍費節節高漲，建設亦不見起飛，政府需要增收地租來支付台灣的統治費用。這在日本內

兒玉源太郎像

兒玉源太郎為台灣第四任總督，與其民政長官後藤新平攜手合作，共同創造了新的時代，讓日本在台統治趨於穩固。
（好讀出版資料庫）

部同樣也是相當頭痛的問題，連內閣都因此下台，故而新內閣上台後，對於台灣問題特別重視，除了換上兒玉源太郎為新總督外，後藤新平於1898年3月上任，更備受重望。

利用調查與舊慣統治台灣

後藤新平上任後，針對以往日本的治台方法，作了一番徹底的調查，才來執行他所謂的「新政」。「新政」的執行，可歸納有以下特點：一是以科學態度調查台灣的一切；二是經過調查後，以「尊重舊慣」的方式，訂定執政策略；三是透過舉借外債的方式，建設台灣。在這三項方針下，後藤不但確立了日本的殖民政策，也穩定了日本在台灣的統治。

時至今日，後藤氏統治台灣，最讓人印象深刻者就是所謂「生物學的統治」，在十九世紀末的科學時代，後藤相信在經過調查後，可以用科學方式掌握台灣的一切，尤其是日人所無法瞭解的台灣舊有制度、習慣。因此在後藤上台後，即展開地毯式的調查，請來日本一流專家，先後成立「臨時土地調查局」（1898）、「臨時台灣舊慣調查會」（1901）等調查單位，確實精要地掌握台灣風土民情，訂出對台的殖民政策。

後藤新平在調查這些舊有慣例後，巧妙地利用這些習慣，轉化成為其所需的目標。這不僅讓台灣人民因熟悉而不會大力抗爭，更節省了不少統治經費，甚至還能為總督府帶來大筆利益，讓台灣從原本伸手向日本母國要錢的單位，轉變成能夠供應母國資金的金雞母。

例如備受討論的「鴉片政策」，許多日人認為這與辮子、纏足一樣是落後的象徵，應該加以禁

後藤新平像（任期1898~1906）

日治初期民政長官後藤氏的許多施政措施奠定了日本在台灣的統治基礎。（好讀出版資料庫）

日治時期，日本政府為了紀念台灣總督兒玉源太郎與民政長官後藤新平，遂設計建造一座足以代表殖民成績的紀念館，即今日國立台灣博物館的前身。（王正翰攝影）

止，後藤則在「舊慣保存」原則下，採取「鴉片漸禁政策」，准許吸食者繼續，但要課以重稅，採專賣制。在此情形下，鴉片稅成了總督府財政的重要來源，占經常歲收的百分之十五至三十。而與日人合作的台人，也因為獲得鴉片的專賣權，賺了大錢，與日本更加緊密合作。因此早該廢除的鴉片專賣制度，直到日本戰敗兩個月前的1945年6月才正式宣告廢止。

　　除此之外，像台灣混亂的大小租地制，在後藤的「舊慣調查」下，成立臨時台灣土地調查局，決定承認實際耕作的小租戶，對小租課稅，收購大租權。許多以前因混亂而隱匿的土地都被查出課稅，頓使地租稅收足足多了三倍。

　　後藤的「舊慣保存」不僅節省經費，更運用在對付武裝抗日上。後藤運用清代就有的「保甲制度」，以十戶為一甲，十甲為一

保，採取連坐法，配合警察組織、戶口調查，讓警察嚴密地控制台灣，被稱為「警察國家」；加上《匪徒刑罰令》與招降，軟硬兼施下，讓武裝抗日式微，不但節省大筆軍費，也確立下日本政府的統治。

台灣史小百科

台語中的外來語

　　在今日，我們要去尋找日治時期遺留下來的痕跡，最容易的方法就是檢視台語中的外來語。日治時期許多新事物湧入台灣，這些從未看過的東西往往就以它的日文名稱來稱呼，故而台語有些字彙是與日文相通，如阿莎力（asali）、榻榻米（tatami）、打火機（laita）、機車（otobai）、便當（piantong）、短路（sioto）、麵包（phang）、螺絲起子（lolaiba）、卡車（toraku）、情緒（kimotshi）、招牌（khang pang）、蘋果（lingo）、廁所（pien soo）、啤酒（bilu）、司機（un tsiang）等。

完成台灣的基礎建設

後藤除了成功解決台灣困擾已久的治安、財政問題外，更以舉債方式興建完成台灣的基礎建設，例如縱貫鐵路、基隆港、水力發電、高雄港等，奠定台灣交通運輸發展的基石。值得注意的是，後藤上任時，日本國內財政體制並不良好，但台灣卻能夠在舉債狀況下建設，這主要是縱貫鐵路、基隆港具有濃厚的軍事用途，使得日本政府願意大力支持，但無論如何，這對台灣的未來發展具有相當的關鍵性。

除了基礎建設，後藤更針對台灣原本就有所規模的製糖業，引進日本資金，成立新式製糖公司，這也是台灣初步的現代化。這些新式糖業，成為日治時期台灣最重要的經濟活動。時至今日，後藤所建設的鐵路、高雄港等，仍是台灣主要的交通、經濟命脈，可見其對台灣的影響。

簡而言之，後藤新平成功塑造了日本初期的殖民政策，讓日本治台危機得以解除，不過後藤的出發點，依然是將台灣視為殖民地，主要為了日本的發展，而非台灣。

台灣總督府專賣局高雄出張所

台灣專賣事業起源於日治時代，於西元1901年成立「台灣總督府專賣局」，專賣項目包含菸、酒、鴉片、鹽與樟腦等。（高雄市立歷史博物館提供）

例如在教育政策上，不願意讓台灣人接受高等教育；在經濟政策上，扶植糖業主要是為了落實「工業日本、農業台灣」的分工；甚至後藤氏那句對台人的著名評語：「怕死、愛錢、愛名」，都是明顯例證。但後藤種種措施對台灣的深遠影響，將台灣帶上現代化之路，同樣是不可否認的。

高雄港

高雄港在清末開港後，雖有長足進步，但真正成為南部最大商港，其關鍵是在於日治時代的全力建設，奠定了高雄港成為南台灣的總吞吐口，造就了高雄市的快速發展。（王正翰攝影）

糖業建廠早期照片　「台灣製糖株式會社」於高雄橋頭成立台灣第一座新式糖廠，其模式也影響並改造了當時台灣各地糖業的面貌，使台灣糖業繁盛一時。（高雄市立歷史博物館提供）

4. 邁向現代化：日本政府在台灣的建設

日治時期對台灣的最大影響，就是讓台灣脫胎換骨，邁向現代化。十九世紀後半葉，西方強權用武力強迫中國與日本打開門戶，受此刺激下，清廷與日本紛紛展開西化的運動，清廷是「自強運動」、日本是「明治維新」。1895年的甲午戰爭，證明日本在全盤西化後，國力超越清廷，而在這場戰爭後淪為日本殖民地的台灣，也因為日治臍帶關係，引進了許多西方的觀念與建設，台灣從此有了一次天翻地覆的變化。

舉例而言，像以往多半不吃牛肉的台灣人，在日治時期始接受牛肉，而咖啡、啤酒、巧克力、麵包這些西洋食物，都是透過日本人才

日治時代教育架構示意圖

高等教育
（留學日本）　　高等學校

職業學校　普通中學

中等教育

初等教育　　小學校（日本人）　公學校（台灣人）　番童教育所（原住民）

在台灣流行且普及。觀念上的改變更是截然不同，原本結婚時一片紅的中式鳳冠霞帔，最後漸次換成了純白色的西式婚紗。

教育、建設與醫療

影響更大之對象，是教育及社會的領導階層。在傳統中國，「萬般皆下品，唯有讀書高」觀念驅使下，受教育最首要之務就是參加科舉，一旦上榜，便能榮歸故里，為家族添名。但在日本統治後，引進西式教育，一切都改觀了，科舉

台南市林百貨

林百貨成立於1932年，為日治時期台南唯一具有電梯現代化設備的百貨大樓。（王御風攝影）

消失了,當官也不再是唯一光耀門楣的出路。在日本政府刻意規劃的教育政策下,台灣人所能就讀的最高學府,一是醫學校,畢業後當醫生;另一是國語學校,也就是後來的師範學校,畢業後當老師。這也讓台灣人以當醫生與老師為榮,社會觀念不變,餘響至今。

另一項徹底改變台灣面貌的是各式各樣基礎建設,例如1908年通車的縱貫鐵路,這條貫穿台灣西半部聚落區的幹線,讓台灣以往艱困又漫長的陸路運輸,一下子變得方便又迅速。原本從台南到台北,約需花費十一天,在鐵路通車後僅需半天左右,對當時台灣人生活帶來

的改變，有如今日高鐵將生活圈拉近的莫大作用。

更如1901年成立的台灣製糖株式會社，其在橋頭設立的新式糖廠，帶動了台灣新式工業。整齊畫一、運作迅速的機械，取代了以往慢吞吞、要用牛來拉動的製糖設備，兩者生產的品質與速度，根本無法比擬。1930年完工的烏山頭水庫，堪稱當時亞洲最大的水庫，讓嘉南平原得以灌溉，農民不再望天興嘆，揮別以往常飽受缺水之苦，時至今日，興建烏山頭水庫的八田與一仍然備受當地居民感念。

另一個讓台灣改頭換面的現象，是環境衛生的進步。台灣在清代是個遍地瘟疫、瘧疾的地區，人民毫無衛生觀念，尤其是鼠疫、霍亂、天花三大瘟疫肆虐之下，造成日治初期台灣地區每年都有大批人口死亡，日人視台灣為瘴癘之地。這使得台灣總督府在日治初期全力整治衛生，終於在1920年完全肅清瘟疫，也大致控制瘧疾疫情，並進一步展開許多衛生預防工作。此一措施讓台灣人口大幅增加，日治末

高雄第一公學校第三十屆師生合影

今高雄市旗津國小的前身為日治時期的「高雄第一公學校」，原名為「打狗公學校」，創立於1898年。照片中為第一公學校第三十屆一年級生之合影。
（高雄市立歷史博物館提供）

期的人口較統治前多了一倍半，足可看出衛生工作落實的成效。

殖民地思維下的進步

日本統治下的台灣，幾乎可說有了脫胎換骨般的大飛躍，這些進步，雖說台灣民眾本身是享受到了，但細細思究卻可發現，日本政府所做的一切，並非是為了台灣民眾，而是為了日本帝國己身利益。例如上述對台灣影響最大的教育、新式工業等建樹，都有其政策上的考量。

此外，日本政府在台灣實施的教育，乃是不平等教育。在1919年以前，主要以初等教育為主，而且台灣人讀的是「公學校」、日本人所讀的是「小學校」，中等以上的教育主要是國語學校與醫學校。其教育政策主要基於以下兩點思考：一是高等教育會讓殖民地民眾覺醒而反抗，因此不供給台灣人高等教育的機會；二是希望台灣人能夠同化為日本人，因此主要在初等教育階段以教授日語為主。

1919年台灣總督府重新檢討此政策，頒布《台灣教育令》，後又於1922年重新頒布，取消日台差別待遇，設立中等學校、高等學校、職業學校，甚至於1928年設立台北帝國大學（今台灣大學前身），但這一切，其實是為了提供日本在台子弟的就學機會，以及日本在台發展經濟所需的技術人員。總而言之，日治時代的台灣教育雖然帶給台人新的教育體制，其出發點，卻是站在日本統治者的立場。

至於在新式工業上，之所以選擇糖業，正是因為日本本土缺糖。而真正的工業在台灣發展者極少，故在「工業日本、農業台灣」政策下，台灣全力發展農業，彌補日本之不足，一直到日本南進，為了戰爭，才給予台灣工業發展機會。所以說穿了，在殖民地下，一切都是為母國所奉獻。

不過，日治時期對台灣社會而言，確實是相當關鍵的時期。許多現代化事物經由日本政府引進台灣，改變了台灣社會風貌，不僅造就了台灣現代化的雛形，也改變了渡台移民後裔的台灣人民原有觀念，成為與清朝截然不同的社會。

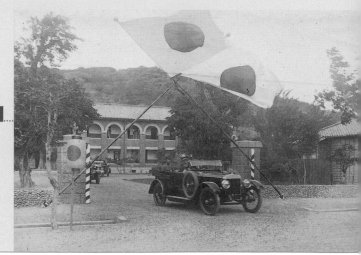

高雄第一小學校御歸

今高雄市鼓山國民小學的前身即為「高雄第一尋常高等小學校」，創立於1907年，是日治時代日本人子弟就讀的學校。圖為1923年裕仁皇太子蒞校巡視後乘車隊離開的畫面。
（高雄市立歷史博物館提供）

5. 文化抗日：台灣議會請願運動
與台灣文化協會

日本政府在台灣，經過後藤新平的整頓治理，逐漸穩定下來；拿著武器對抗日本政府的「武裝抗日」，也在1915年的噍吧哖事件後，劃下休止符。但這並不表示台灣人民對日本政府的統治已經百分之百順服，畢竟日本政府以「殖民地」目光看待台灣人民，台灣人民無法擁有日本人一般同等的權利，仍引起大多數台灣人的反感。只是1915年的西來庵事件，日軍大肆屠殺參與的台灣民眾，這讓台灣民眾深感武裝抗日無法與裝備精良之日軍抗衡，徒然犧牲自己的性命，漸始思考其他方式抗日的可能性。

而在此時，日本政府已統治台灣達二十年，誕生於甲午戰爭前後、成長於日治台灣社會，在台灣本土接受新式教育或至東京等日本大都會留學的青年，他們還能目睹或耳聞早期日本統治的血腥鎮壓，深知亡國之痛；但他們同時也接受新式教育的洗禮，與上一代人有很不同的人生與社會視野。這一代的知識分子以東京為基地，在台灣有志仕紳的贊助下，以機關刊物為媒

林獻堂坐姿

林獻堂致力於台灣議會設置運動，可謂是台灣史上推動文化和自主意識抬頭的第一人。（林芳媖提供）

介，與台灣的知識青年匯合而成一股巨大的力量；他們以爭取設置台灣議會，由台灣人自己決定台灣事務為訴求，這個「台灣議會請願運動」開啟了「文化抗日」，也成為1920年代後台灣人民抗日的主軸。

林獻堂與文化抗日運動

文化抗日最重要的一位人物是林獻堂,他是名門霧峰林家的後代。1895年後,部分林家人士選擇到中國,留在台灣的家族,則交由林獻堂領導。

林獻堂最大的心願,是如何讓台灣回到中國懷抱。有一次,他前去拜訪梁啟超,梁啟超認為中國自顧不暇,難以支援台灣,建議他學習愛爾蘭透過體制內來改革,於是林獻堂展開一波波有別於以往武裝抗日的「文化抗日」。1914年,他邀請主張「同化主義」的日本開國元勳板垣退助來台,受到台灣民眾熱切的歡迎,但總督府對「同化主義」不表贊同,在1915年宣布「台灣同化會」違法,強制加以解散。

霧峰林家大宅

文化抗日最重要人物之一林獻堂,乃霧峰林家的後代。霧峰林家是前清時代台灣中部最顯赫的豪門大族,在日治時期與基隆顏家、板橋林家、鹿港辜家、高雄陳家並列為「台灣五大家族」。(王御風攝影)

霧峰林家萊園

霧峰林家花園以萊園
著稱，現為明台高中
校園。（王御風攝影）

　　「台灣同化會」雖然宣告中止，但林獻堂再接
再厲，於1915年籌辦私立台中中學，挑戰日本政府壓
低台人受教育機會的政策。當時日本人只願意讓台灣
人讀小學，不願意讓台灣人接受更進一步的教育，林
獻堂邀集台灣的財主，籌辦中學校，最後日本政府只
好讓步，將原先籌備的私立台中中學校接收，改為公
立的台中中學校，也就是今日的台中一中。林獻堂接
連的抗爭，讓台灣人了解
到「文化抗日」的威力，
轉而以此為主。

台中一中

日治時期，台灣人就讀的中等學校缺
乏，台灣文化人士林獻堂等人為了使
台灣子弟也能受中等教育，極力募款
籌辦中學校，於1915年創立「台灣公
立台中中學」，即今日台中一中的前
身。（三月雪攝影）

台灣議會設置請願運動的開始

　　1920年開始，文化抗日成為台灣人民抗爭的主軸，這由「台灣議會設置請願運動」掀起序幕。1920年1月11日，林獻堂、蔡惠如與留學生的中堅分子在日本東京成立了「新民會」，這批在東京的台灣青年經過討論後，決議向東京的帝國議會請願，希望能成立台灣人為主的「台灣議會」，決定台灣自己的事務。

　　1921年1月林獻堂等人發起首次請願，遭貴、眾兩院否決，頗令參與運動者感到挫折，甚至對是否要繼續推動心生懷疑。但讓這批在東京的台灣人萬萬沒想到的是，消息傳回台灣，竟在台灣島內引起一番迴響，許多不滿日人且又苦無發洩管道的台人對他們大表支持，蔣渭水甚至發起歡迎會，盛大歡迎林獻堂等人回台灣。這樣的發展激勵著林獻堂等人，決定在台灣內部也設立團體，於是在1921年10月17日成立「台灣文化協會」。

台灣文化協會與蔣渭水

　　台灣文化協會成立的關鍵人物，除了林獻堂外，就是蔣渭水。蔣渭水畢業於當時台灣最高學府──台北醫學校，在其有名的〈臨床講義〉一文中，他診斷台灣的病症是「世界文化的低能兒」，原因是「智識的營養不良」，需要以

櫟社紀念碑

日治時代，文人為保存漢文化，發揮所學成立詩社，讓台人仍保有學漢文的機會。當時台灣詩社林立，霧峰的櫟社與北部的瀛社、南部的南社，並稱台灣三大詩社。
（王御風攝影）

霧峰林家夏季學校

1924年（大正十三年）台灣文化協會舉辦夏令營，林獻堂提供自宅作為教室和宿舍，提振地方教育風氣。（林芳媖提供）

最大量的「正規學校教育、補習教育、幼稚園、圖書館、讀報社」治療二十年，才能治癒。

此時期的文化抗日運動是以台灣民族主義為骨幹，主導者均為中產階級的知識分子，因此注重於文化啟蒙，希望藉此喚醒台灣同胞的民族政治覺醒。文化協會對此著力甚深，其出版機關刊物《會報》，設立讀報社，舉辦各種講習會、夏季學校，設立中央俱樂部、文化書局，籌組各地青年會，甚至引進電影機構「美台團」作為宣傳，也確實獲得極大成就。在協會宣傳下，台灣民族主義逐漸在各地啟蒙。

議會設置請願運動的第二次請願在1922年2月提出，雖然仍被封殺，卻在台灣島內透過文化協會的宣傳，引起高度迴響。這番聲勢也讓總督府開始有所動作，1922年8月，透過強迫解職、個別關說、分化等方式施以壓力，如催討林獻堂債款等，迫使林獻堂退出。1923年2月第三次請願，並在東京成立「台灣議會期成同盟」，引起總督府的不滿，先在11月發動與總督府

友好的仕紳，如辜顯榮等組成「公益會」反制，又在同年12月全島扣押捉人，史稱「治安警察法違反檢舉事件」，一般簡稱「治警事件」，重要人物並因此入獄。

治警事件雖然使運動的主力分子身陷牢獄之災，但對請願運動本身有莫大助益：一是激起民眾關心政治的熱潮；二是對日本本土做了一次成功的宣傳；三是因主力入獄，林獻堂重新出面領導運動。

台灣文化協會內部的衝突

在台灣文化協會及議會設置請願運動的推動下，文化抗日運動一步步走出中產階級知識分子的圈圈，向農民、工人靠近，又加上社會主義思想的影響，使得農民運動、新文學運動在1925年紛紛出現。而傾心於社會主義階級革命的青年更大批加入文化抗日運動，漸漸與以仕紳為主並主張自治主義的舊幹部們格格不入，終導致1927年的台灣文化協會分裂。

台灣總督府在「工業日本、農業台灣」的政策下，農業有飛躍成長，尤其是後藤時代所引進的新式糖業，以及1920年代後改良稻米帶來的米業發展，但這都控制於日人資本之下。例如種植甘蔗的農民被日本政府劃分區域，限定只能販賣給規定區域的製糖公司，使得農民相當不滿，在文化協會的協助下，各地紛紛成立農民組合。1925年6月，二林農民組合成立，同年10月20日，二林地區蔗農在其幹部指導下，與當地地主林本源製糖會社及警察對峙，史稱「二林事件」。同年10月，為對抗陳中和的農民，也成立了「鳳山農民組合」，隨後更有曾

文、大甲農民組合的成立。到1926年，為團結各地農民組合的力量，決定以這四個農民組合為中心，成立全島統一指導的台灣農民組合，總部初設鳳山，後遷麻豆，最後遷至台中。

1927年3月，農民組合核心人物簡吉、趙港赴東京向帝國議會請願，獲得日本農民組合及勞動農民黨支持，從此台灣農民運動的抗爭方式日益激烈，並逐漸脫離民族運動的陣容，明顯標榜階級鬥爭。

在農民運動背後，其實是文化抗日運動的新思潮。1925年到1927年間，日本國內是極左翼運動風靡的時代，受此洗禮的台灣留學生歸台之後，自然希望能以積極的階級鬥爭，取代原來較溫和的議會設置請願運動。這使台灣文化協會幹部分裂成兩派，彼此不合。

這兩派的裂痕，台灣總督府不僅知之甚詳，還利用此作為分裂文化協會的武器。在台灣總督府的認知，將文化抗日中分成穩健、急進兩派：穩健派包括林獻堂、蔡培火、陳逢源等人，也就是右派的自治主義者；急進派則是信奉民族自決或是共產主義、無政府主義者，包括連溫卿、蔣渭水、王敏川等人。總督府針對此兩派的不合見縫插針，援助穩健派，壓制急進派，加深兩派的相互對立，終使得文化協會內部在1927年正式分裂。

台灣文化協會的分裂與衰微

1926年，因左翼青年勢力擴大，醞釀修改章程，此時文協內部

橋仔頭製糖所

橋仔頭糖廠是台灣第一座新式糖廠，於1901年設立，也是台灣工業革命之發祥地。
（高雄市立歷史博物館提供）

共分三派：左翼青年以連溫卿為領袖、右翼則以蔡培火為主，蔣渭水則立於兩者中間。這三派各提出修正案，於1927年初討論，結果左翼青年運用戰術得宜，連溫卿案最後通過。向來以從事民族主義文化啟蒙運動的文化協會，搖身一變成為「無產階級」的文化啟蒙團體，在此情形下，蔡培火、蔣渭水兩派人士紛紛退出文化協會，另組「台灣民眾黨」。台灣民眾黨與文協的改組，對台灣總督府而言，剛好可以實現它分裂文化抗日團體的策略，於是在數度考慮下，批准台灣民眾黨的成立，並展開對新文化協會的打擊。

在這股左派風潮下，台灣共產黨亦醞釀而生。1928年4月，日本共產黨台灣民族支部在第三國際指示下，於上海成立，甫成立不久，就遭到日本祕密警察的逮捕，台籍成員被送回台灣審判。這一事件，

不料成為台共返台活動的好機會，因罪證不足被釋放的謝雪紅，獲得日共的授權，在台灣重建台共。

謝雪紅返台後，與農民組合、文化協會、民眾黨等密切合作。1929年，共產黨支持王敏川為主的「上大派」（上海大學留學生）成功主導文化協會，連溫卿被開除會籍，文化協會逐步為台共所掌握。

在台共影響下，台灣民眾黨內部也產生分裂。蔣渭水開始由民族主義走向階級運動，尤其是發展工友總聯盟，使得其與蔡培火派「水火不容」，雙方在度過蜜月期後，衝突逐漸爆發。在1930年，不滿蔣渭水的蔡培火、楊肇嘉、林獻堂等自治主義派，決議組成「台灣地方自治聯盟」，導致民眾黨內部分裂。1931年，蔡培火、林獻堂、楊肇嘉等人相繼離開台灣民眾黨，同年2月，日本政府宣布解散台灣民眾黨。

BOX | 俠盜廖添丁 | The Story of Taiwan

廖添丁（1883~1909），台中大肚上堡秀水庄人，是台灣日治時期的傳奇人物。1980年代廣播名嘴吳樂天的講古，更讓廖添丁披上了台灣英雄的外衣。廖添丁於十八歲開始行竊，範圍遍及台中、桃園、台北、基隆等地區，名聲響亮，在鄉野傳聞中留下劫富濟貧的俠義形象。尤其1909年，接連犯下林本源家搶案、基隆槍殺密探陳良久案、八里坌堡五股坑庄保正李紅家搶案，台北廳大稻埕派出所警槍彈藥與佩刀被竊案也與之有關，由此成為日本殖民政府的頭痛人物，下令強力緝捕。廖添丁最後於八里被同伴擊斃身亡，死時年僅二十七歲。

　　此時除台灣地方自治聯盟外，多半都與台共有密切關係。但台共本身一直也存在路線上的爭鬥，親日共的謝雪紅一派主張以工人運動為主，親中共派則主張以農民運動為主，在台共獲得初步勝利後，不滿謝雪紅者對其展開內部爭鬥；加上第三國際對謝雪紅亦不滿，1930年台灣民族支部改組為台灣共產黨，並排除謝雪紅，謝雪紅也對此展開反抗。在兩派爭鬥中，1931年，日警開始取締台共，共產黨、新文協、農民組合等同時宣告消滅。

　　這些團體被取締，另一個關鍵主因是日本右翼軍國主義抬頭。從1931年的九一八事變開始，日本展開一連串對中國的侵略，這些右翼政權上台後，無法忍受共產黨或追求民主的相關團體繼續存在，於是加強取締，也間接宣告民主時代的結束。台灣從1920年代風起雲湧的文化抗日，至此僅剩下右翼自治主義的「台灣地方自治聯盟」，由於「台灣地方自治聯盟」並不認同台灣議會設置請願運動，使得台灣議會設置請願運動在苦撐至1934年，跟著宣布終止。

台灣文化協會　成立於大正十年（西元1921年）10月17日的台灣文化協會，藉由《台灣民報》宣傳文化，且在各地舉辦演講會，成立劇團、書局等，積極推廣文化交流。（林芳娕提供）

6. 大戰下的台灣：
工業化、南進政策與皇民化運動

從1931年的「九一八事變」後，日本軍方勢力抬頭，加上文官總督年代因政黨政治的關係，總督變動頻繁，導致行政問題層出不窮，台灣內部右翼分子要求更換軍人總督的呼聲不斷。1936年，日本國內發生「二二六事件」，政黨政治正式宣告結束，台灣也因日本積極南進，成為戰場重要的「南進基地」。種種因素下，武官總督制於1936年再度復活，而此時期的政策，就是首位復任的武官總督小林躋造在1939年所表示的「皇民化、工業化、南進化」。

台灣史小百科

二二六事件

「二二六事件」是日本近代史上著名的軍事政變事件。昭和十一年（西元1936年）2月26日，擁護皇道派的近一千五百名陸軍青年官兵以「清君側」為名，集體發動叛變，欲達成「昭和維新，尊皇討奸」目的。但因後來參與者倒戈，行動僅維持四天便告失敗，天皇本人對此亦不甚同意。最後以東條英機為首的「統制派」高階將領，以叛國為由將此次主事軍官處死，由此更加鞏固日本軍國主義的勢力。

台灣工業化的開展

後期武官總督時期，在台灣產業上最大的變化，就是由原來以農業為主，改成積極工業，這一轉變當然與日本面對的戰爭情勢有關。首先，從地理形勢而言，原本台灣僅是日本對南方、福建等地區的「前進基地」，但到了1940年代日本決定對越南、印尼的侵略方針後，台灣就不光是「前進基地」，而是更重要的「中間基地」，所謂「工業化」就是要建立符合「中間基地」標準的軍需工業。

隨著台灣電力事業的逐步完備，台灣的工業化漸次展開，尤其是1934年台灣電力公司的日月潭第一水力發電廠的完成，更讓日本許多輕金屬、電氣、製鋼部門，如日本鋁業、台灣電化株式會社、台灣化學工業會社等進入台灣。後來更運用統制經濟下的金融貸款，讓日資大量進入台灣投資，其投資重點在於新興的電氣、化學工業，以及原有的食品工業。

台灣電力株式會社高雄出張所　台灣電力株式會社高雄出張所（相當今日的高雄分處）舊址為今高雄鼓山路上之台電公司，電力來源為現在高雄縣之「竹子門水力發電廠」。（高雄市立歷史博物館提供）

　　伴隨著工業化發展，台灣的農民生活更加悲慘。在傳統的農業資本上，日本政府對於1920年代無法全面管制的米穀經濟加以控制，1933年開始推行米穀控制，1939年更合併米穀輸出商，成為「米穀輸出組合」，正式將米穀的控制權掌握在國家手中。例如1930年代初期，日本國內米穀過剩時，就抑制台灣米穀的生產，到了1930年代後期，因戰爭關係導致米作不足時，又要求台灣增產。除此之外，台灣總督府甚至以低價收購米穀，到市場上高價拋售，讓農民損失慘重。

此外，台灣總督府更透過「組合」制度，成立水利組合、農會等，牢牢掌握台灣農業社會，還透過銀行、地方信用組合的金融機構，以及獎勵民間儲蓄，收取大量資金，鼓勵日資前來投資，甚至成立類似「台灣拓殖會社」的「國策會社」。糖業公司也在日本占有更重要的糖產地——印尼等東南亞地區後，同步進行合併，前進東南亞，這使得新興日資成為此時期最重要的企業，重量級台資如「五大家族」，旗下公司甚至被迫賣給日資，成為日資附庸，而台商的角色也轉向成為日本南進東南亞的先鋒。

皇民化運動

後期武官總督時期三大政策中，對台灣社會影響最大者首推「皇民化運動」。「皇民化運動」是希望將台灣人「皇民化」，成為日本天皇的子民，也就是道地的日

明治神宮鳥居 明治神宮坐落於東京都澀谷區，供奉明治天皇，乃日本神道之重要神社。「皇民化運動」時期的台灣，日本政府亦企圖透過整頓、裁併地方寺廟而消滅台灣的宗教，使台灣人民信奉神道教。（三月雪攝影）

本人，這與文官總督時代的「內地延長主義」又有所不同。這個運動的推展，主要是為了戰爭的需求，因為以日本的民族觀而言，若非逼不得已，他們不太願意接受其他種族成為「天皇子民」。這從徵兵制就可窺知，台灣民眾原本是被排拒在日本皇軍之外，但在戰爭末期需兵孔急情勢下，只好透過「皇民化運動」，接受在台灣推行徵兵制度來擴大兵源。

　　「皇民化運動」大約隨著1936年9月小林躋造武官總督上台而開展，其中最主要的部分是宗教運動、國語運動、改姓名運動與志願兵制度。宗教運動是要以日本國家崇奉的神道取代台灣固有的宗教，同時進行「寺廟整理」，企圖透過整頓、裁併地方寺廟的過程，達到消滅台灣的宗教。在此期間，似乎頗有成效，台灣的舊有宗教幾乎無影無蹤，但日本戰敗後，日本的神道教則完全消失，舊有宗教又恢復生機，台灣總督府的努力可說完全白費。

　　至於「國語運動」就是推廣日語的運動，日本統治台灣後，雖然開始推廣日語，但並未全面性強迫民眾生活要使用日語，因此台灣民眾能夠使用日語者，在皇民化運動

> **台灣史小百科**
>
> ### 日治時期台灣文學的發展
>
> 　　日治時期是許多台灣文化發展及轉變的關鍵時期，文學亦不例外。日治時期一開始，仍承襲明清以來的古典文學傳統，尤其是在日人統治下，許多知識分子藉由寫詩以明志，因此詩社大興，日本統治者也參與其中，藉以懷柔台灣的領導階層。
>
> 　　1920年代文化抗日的興起，文學家亦未曾缺席，尤其受到中國五四運動提倡白話文學的影響，台灣許多文學家也希望以白話文作為主要的寫作文字，而1920年《台灣文學》的創辦，成為台灣文化及台灣文壇的新里程碑，隨後更因白話文寫作的議題，引發「新舊文學論戰」。1930年代發生「鄉土文學論戰」，爭論是否該用台灣話文寫作，說明希望改革的文學家，從以中國五四為師的白話文，轉變為與平常所講一致的台灣話文，認同的對象更加本土化。於此同時，日本統治後出生的作家開始嶄露頭角，許多作家熟悉用日文寫作，也有日籍作家以台灣為創作題材。文字與文體，成為日治時期台灣文學的重點。
>
> 　　1937年，隨著日本發動侵華戰爭，台灣文學在戰時體制下，禁止用漢文寫作，雖然台灣作家以日文寫作有相當優異的成績，但台灣新文學的精神也到此告一段落。

開始（1937年）時，僅有37.38%，而皇民化運動的目的就是要改造台灣社會為一完全使用日語的社會。為此，總督府展開一連串的動作，如1937年開始，取消公學校漢文

高雄武德殿

武德殿發源於日本的警察系統，是練習武道的場所。當日本統治台灣時，日本警界即引入武道文化，於全台各地興建武道館，以提供公務員、警察及學生作為練武健身場所。（均為王正翰攝影）

課，報紙廢除漢文欄，在各地禁止民眾說台語，只准說日語，更鼓勵民眾說日語，頒行「國語家庭」、「國語部落」等制度，只要在家都說日語，取得「國語家庭」的認證，會有一些獎勵措施。這確實收到一定成效，讓台灣逐漸邁向以日語為主的社會。

1940年，為了讓台灣民眾進一步成為「真正的日本人」，台灣總督府推行「改姓名運動」，要將台灣人的漢名改成日本式姓名。與韓國相較起來，這項運動在台灣的推廣並沒有太多的強迫性，雖然台灣的仕紳也受到台灣總督府希望改姓名的壓力，但多半說來算是自願性的。

最後則是攸關戰局的「志願兵制度」，日本人基本上是不願讓台灣人有加入軍隊的機會，只是在兵員短缺情形下，不得不展開動員。1937年七七事變

台灣史小百科

日治時期台灣建築

隨著日人來台，台灣建築有了重大變化，日人在公共建築上，引進許多西方建築概念，並興建讓台灣人大開眼界的建築，如現今仍使用的總統府（台灣總督府）、國立歷史博物館等都是。在民間則帶來了日式平房及庭園，尤其許多戰後被接收的官舍，如今仍在台灣各地留存。而日治末期，融合和洋的「帝冠式」建築，更是反應當時日本政府的心態，僅存的高雄市立博物館、舊高雄火車站，目前亦在保留維護使用之列。

金瓜石黃金神社

黃金神社與金瓜石礦山歷史關係密切,為金瓜石地區在日治時期重要的信仰指標。由於現今全台遺留的日式神社已相當稀少,該神社特別具有時代性的意義與價值。(均為孫瑩荳攝影)

後，台灣人首度以軍夫身分，遠赴中國戰場。到了1942年，台灣總督府開始實施「志願兵制度」，台灣人首度可以日本軍身分上戰場，對此，台灣社會反應熱烈，不但認為這是台灣人能夠實踐國民三大義務：教育、納稅、兵役的光榮，志願參加者更是相當踴躍，甚至有許多人上「血書」，希望能成為日本軍人，而這批台灣軍人，多半遠赴南洋作戰。到了1943年，台灣總督府宣布將實施徵兵制，1945年正式實施，但就在同年，日本宣告投降，隨之結束了在台的軍事動員。

參考書目

王泰升，《台灣日治時期的法律改革》（台北：聯經，1999年）。

吳密察，《台灣近代史研究》（台北：稻鄉，1991年）。

黃昭堂著、黃英哲譯，《台灣總督府》（台北：自由時代，1989年）。

周婉窈，《台灣歷史圖說》（台北：聯經，1997年）。

吳文星，《日據時期台灣社會領導階層之研究》（台北：正中，1992年）。

周婉窈，《日據時代的台灣議會設置請願運動》（台北：自立，1989年）。

林柏維，《台灣文化協會滄桑》（台北：台原，1993年）。

張炎憲，〈台灣文化協會的成立與分裂〉，《台灣史論文精選（下）》（台北：
    玉山社，1966年）。

簡炯仁，《台灣民眾黨》（台北：稻鄉，2001年）。

簡炯仁，《台灣共產主義運動史》（台北：前衛，1997年）。

若林正丈著、台灣史日文史料典籍研讀會譯，《台灣抗日運動史研究》（台北：
    播種者，2007年）。

周婉窈，《海行兮的年代》（台北：允晨，2004年）。

林繼文，《日本據台末期（1930~1945）戰爭動員體系之研究》（台北：稻鄉，
    1996年）。

小林道彥著、鄭天凱譯，〈1897年台灣高等法院長高野孟矩罷職事件〉，《台灣
    風物》第四十七卷第二期。

小林英夫著、何義麟譯〈1930年代後半期以後的台灣「工業化」政策〉，《台灣
    史料研究》第一期。

第七篇 國府遷台的大撤退
從止戰紛亂到綏靖

1. 台灣光復：台灣接收與國府治台

　　1945年10月25日上午十點，中華民國台灣省行政長官陳儀代表中國戰區最高統帥，在台北市公會堂（今日中山堂）接受日本末代台灣總督安藤利吉的投降，底下觀禮的台灣民眾歡聲雷動，台灣人民在經過五十年的殖民地統治，重新回到祖國懷抱，象徵著台灣人民從此成為自己的主人，大家對於未來都充滿著美好的想像。

　　這種對祖國的歡迎，在台灣每個角落都可見到。日本昭和天皇是在1945年8月15日宣示投降，直

> **陳儀抵台受降照片（一）**
>
> 蔣介石與陳儀（隊伍最前排者）是浙江同鄉，且皆留日，故對陳儀特別器重。蔣介石於1945年（民國三十四年）指派陳儀來台接受日本投降。（高雄市立歷史博物館提供）

陳儀一行人抵達台灣後，於台北市公會堂（今中山堂）舉行受降典禮。圖為陳儀（位居中間者）一行人和日本官員之合影。
（高雄市立歷史博物館提供）

到10月15日，中國軍隊才來到台灣，在這一段期間，台灣是屬於「無政府狀態」，以往負責台灣治安的日本政府及軍警人員，被台灣人民追著跑，如喪家之犬，根本不可能負起維持秩序的任務，但街頭秩序卻不混亂，因為台灣人民自動組成糾察隊，不准任何趁火打劫的事情發生。

當時許多與日本政府交好的台籍人士，如鹿港辜家辜振甫、板橋林家大掌櫃許丙等，為了避免自身財富及權利受損，甚至向等待投降的日本總督安藤利吉提議獨立，遭安藤利吉所拒。台灣雖處於權力的真空狀態，但不論是台灣人民、日本軍警都一致等待中國接收官兵的到來。唯一不同的是，台灣人民歡欣鼓舞，努力學習中文與中國的一切，日本官民則不知未來何去何從，只希望能盡快被遣返回日本。

而台灣人民這邊，對祖國卻是所知不多。10月15日，當中國接收的軍隊步下軍艦時，碼頭

上歡迎的台灣民眾看到穿著破爛的中國軍隊，心中震驚可想而知——這與他們想像中，能夠打敗威武日本皇軍的中國軍隊，必然武器精良、帥氣挺拔之形象差異太大。

其實不光是台灣人民對祖國瞭解不深，中國對台灣這塊前朝領地的認知更是模糊。西元1911年成立的中華民國，對於1895年就割讓給日本的台灣相距甚遠，尤其是中華民國建立後內戰不斷，後來又爆發中日戰爭，自顧已經不暇，遑論去注意台灣的事務。直到中日戰爭爆發後，許多台灣人民到中國加入國軍抗日，並不停向國民政府提出可以收復台灣的建議，國民政府在「開羅宣言」中才正式納入。

1943年11月，中、美、英三國領袖在埃及首都開羅舉行會議，會後發表「開羅宣言」，確立戰後由中國收復台灣，此後國民政府才組成「台灣調查委員會」，統籌規劃接收台灣事宜。但該委員會幾乎是由主任委員陳儀及其

手下五、六位江浙籍委員統籌，台籍委員多半僅是掛名。台籍人士的意見，也因此未能進入陳儀的決策之中。

1945年日本投降後，國民政府隨即成立「台灣省行政長官公署」，以陳儀為台灣行政長官，行政長官公署集行政、立法、司法大權於一身，並以日治時代台灣總督府為藍本，在中央與地方對照接收；台調會時所希望的廢除象徵殖民統治體制與法令、實施民主憲政等理想，均未落實，反而像是「台灣總督府」的復活，這讓台灣民眾相當失望。

蔣介石為何選擇陳儀接收台灣？陳儀為何採取「行政長官公署」的方式接收台灣？一直是許多人探討的問題。基本上，1945年到1949年的台灣處於邊緣化，當時統治的國民政府面對的，除了台灣

陳儀抵台受降照片（三）

右圖為陳儀和日方官員於台北市公會堂開會的情形。參加此次典禮者有日方、國民黨、同盟國及台灣民眾等代表。
（高雄市立歷史博物館提供）

之外，尚有戰後的中國大陸，而且其重心是放在中國大陸，絕非在台灣，要依此脈絡思索，才能理解這段歷史。

前已述及，國民政府並不瞭解台灣，而台灣在地理上，與福建關係密切，因此曾留日且擔任過福建省主席，還曾帶隊來參觀台灣「始政四十週年」博覽會的陳儀，算是國民政府中的「台灣通」，所以蔣介石當初決定由陳儀出列治理台灣之時，反對者並不多。

更重要的是，當時的國民黨大員都將眼光放在東北、上海，爭著要前往接收這些地區，完全陌生

的台灣，大部分的人毫無概念，所以才能讓陳儀施展其身手。陳儀是浙江紹興人，日本陸軍士官學校畢業，與蔣介石有所淵源。他對於孫中山提出的三民主義相當信服，尤其是民生主義，因此他在擔任福建省主席期間，就已實施過管制經濟。這可看出他在台灣所實施的經濟政策，絕非偶然。

對陳儀來說，日本政府推行的專賣制度，以及日本人留下的大批日產，正足以讓他實現理想，於是他力拒國民黨內掌握財經的孔宋家族，在台灣地區發行台幣，阻擋大陸流通的法幣進入台灣，並接收日產，成立許多公營企業，同時成立專賣局與貿易局控制經濟。從某些程度看，陳儀是相當具有理想性，但對台灣人而言，他們所看到的只是：眼前物價不停飛漲，外省籍接收官員代替了日本人，成為他們的頂頭上司，台灣人的「出頭天」只是夢想。而這些接收官員更是貪汙腐化，於是在光復的激情過後，外省人與本省人的摩擦越來越大，終於在1947年爆發了二二八事件。

蔣主席暨夫人蒞台參加光復一週年紀念大會照片

蔣介石與其夫人蔣宋美齡，於1946年10月25日，參加於公會堂舉辦的台灣光復一週年紀念大會。光復後的第一任行政長官陳儀（右）也隨侍一旁。（高雄市立歷史博物館提供）

2. 戰後首次選舉：參議員選舉

今日我們所熟悉的民主選舉，實際上是一點一滴累積而成的。台灣最早的選舉，是在許多台灣人民力爭之下，於日治時期舉行，共舉行兩次（1934年和1939年），但這兩次選舉都是間接選舉，要符合資格的人，才能夠前往投票。國府遷台後，在實施「憲政」的壓力下，於1946年進行參議員選舉，層層選出縣市及省參議員，組成縣市及省參議會，成為台灣的最高民意機關，後更選出中央級的國民大會代表、立法委員、監察委員。只是這些台灣人民選出的菁英，許多在1947年的二二八事件中遇害，也造成台灣人民與國民黨統治者的隔閡。

蔣總統召見高雄市參議員

1951年，時任總統的蔣介石（前排中持杖者）召見高雄市參議會議員，攝影地點為總統府。（高雄市立歷史博物館提供）

參議員選舉經過

戰後初期的台灣，儘管百廢待舉、經濟凋敝，仍在1946年初，如火如荼展開由地方至中央的選舉。當國府接收初期，社會動盪不安之際，是否適合舉行大選，當時也引起許多討論，但就當時國府所面對的大環境而言，時值國共內戰初期，國民政府以「民主、憲法」用以區隔中共，並號召其信奉者，因此立憲及實施各級選舉勢必要落實，對台灣當時的情勢而言，那時候台灣內部醞積許多不滿的情緒，也需要有管道得以疏導。在此內外雙重因素下，戰後的首次選舉，就這樣積極展開了。

主掌台灣事務的行政長官公署，為配合全國實施之選舉，於1945年12月26日公布《台灣省各級

民意機關成立方案》，規定省內各級民意機關成立的時序表，從1946年1月15日辦理公民宣誓登記起，始拉開序幕。此次選舉，與日治時期及現在的選舉方式均有所不同，選民必須先取得公民資格，後再選出各鄉鎮民代表或區代表，由鄉鎮民代表及區代表選出縣市參議員，再由縣市參議員選出省參議員，由下而上，層層選舉。換言之，縣市參議員、省參議員並不是由合格選民直接投出，乃是間接由代表選出。

　而這次的選舉，台灣民眾可說是熱烈響應，更號召到許多人士投入競選，希望能參與建設台灣的機會，共有36,968人登記參選，從最基層的鄉鎮民及區代表競選起，參選人數是全省應選各級民意代表人數四倍以上，可見其熱烈程度。最後於1946年4月15日，正式選出三十名省議員，為這一次選舉劃下休止符。

二二八事件的衝擊

　各縣市及省參議會成立後，這批台籍菁英發揮了監督制衡的功能，面對行政長官公署及各縣市政府的弊端，毫不客氣的批評。

　1947年二二八事件發生後，許多參議員更擔任各地處理委員會的要角，事後國府派兵鎮壓時，紛紛被緝捕或喪命，造成各參議會成員的流動，如省參議會中，就有四位因此喪失資格。而此後也讓這批戰後首屆的台籍民意代表不願再多批評時政，淪為「噤聲的獅子」。更隨著行政長官公署消失、國府遷台等因素，使其任期一再延長，直到1951年由臨時省議會及縣市議會取代，這個台灣歷史上唯一一屆亦別具意義的參議會，才就此落幕。

政府選舉公告欄及公告
政府為推行民主政治，鼓勵民眾前往投票，於眷村外牆上張貼選舉公告。
（高雄市立歷史博物館提供）

3. 二二八事件：美好幻想的破滅

1947年2月27日晚間，一位在台北市天馬茶房（今台北市延平北路、南京西路口）旁販賣私菸的婦人林江邁，被六名查緝私菸的「台灣省專賣局」台北分局查緝員沒收其私菸，林江邁苦苦哀求，希望查緝員能放她一馬。但查緝員不為所動，在拉扯間更出手打傷林江邁，引起在場民眾群情激憤，查緝員在慌亂逃走時又開槍擊斃一名圍觀群眾，遂使情況失控，許多民眾敲鑼打鼓，號召大家隔天上街頭。

第二天早上，也就是1947年2月28日上午，許多民眾走上街頭抗議，並與軍警爆發零星衝突，後來抗議民眾轉至台灣省行政長官公署（今行政院）門口抗議。不料公署衛兵對抗議群眾無預警開槍，造成多人傷亡，群眾情緒更加激憤，轉進至台北新公園（今二二八和平公園），占領新公園內的台灣廣播電台，報導事件始末。這便使得一年來因國府接收，在台灣各地產生的怨氣，瞬間爆發出來，許多地方都

台北二二八和平紀念公園——紀念碑

原台北新公園，因基於歷史上的意涵，改名為「二二八和平紀念公園」。隔年亦於公園內設立二二八和平紀念館，成為一座回溯歷史、撫平傷痛的紀念公園。（均為王正翰攝影）

發生台籍人士占領政府機構，並毆打外省人，史稱「二二八事件」。

二二八事件對國府是一大震撼，1945年10月25日，台灣民眾歡騰於國府接收台灣的場面猶在眼前，沒想到才不過一年多，就有如此大規模的台灣民眾群起反抗，這原因究竟是什麼呢？

關於二二八事件的起因，最早有共產黨策動、經濟困難、社會問題叢生、政治歧視、政治腐敗、文化差距等六種說法。解嚴前，國民黨多強調是共產黨策動及文化差距（強調台民的奴化），實際上，共產黨人與二二八事件雖有關連，但其介入的方式、時機、程度、結果，都不足以承擔「策動、主持」二二八事件的罪責或榮耀。而經濟困難、社會問題叢生、政治歧視、

政治腐敗等四項原因，皆與來台的接收人員有關係。

陳儀個人雖然很清廉，但其手下的接收人員卻與國民黨前往各地的接收人員一樣，只抱著前往接收就會有車子、房子、金子、銀子、女子的「五子登科」想法，貪汙橫行。原本立意良好的經濟政策，也成為他們搞鬼的好機會，使得台灣在短短時間內，經濟、社會問題均層出不窮。

除此之外，國民黨更將其在大陸的「派系文化」帶來台灣，派系各據山頭。在台灣主政的陳儀，派系上歸屬於政學系，其手下幕僚自然也屬於政學系，政學系在大陸並不是最得勢的派系，但戰後各派系未將眼光放在台灣，等到各派系發現台灣是「美麗寶島」時，早已經被陳儀人馬占領，於是才開始插足。而蔣介石在大陸的統治方式多半放任派系競爭，藉以操控，因此對於各派系進入台灣，也不以為意。除政學系外，尚有「軍統」、「三民主義青年團」「簡稱（三

台灣史小百科

二二八背後的真實故事

二二八事件影響台灣社會最大的，是許多台籍菁英因此被逮捕或殺害。如台大文學院院長林茂生博士，因在《民報》上批評政府，被捕處死後裝入麻袋擲進淡水河。台南市律師湯德章，任二二八事件處理委員會台南分會治安部長，在當地民生綠園遭公開槍決，同樣命運的還有名畫家陳澄波（在嘉義市火車站前）以及屏東市參議會副議長葉秋木（在屏東市郵局前）。這些人士的遇害悲劇，造成族群間的不信任感。

高雄市二二八公園——紀念碑

高雄市二二八和平公園，原名為仁愛公園。園內的紀念碑刻載著二二八事件的始末，紀念碑旁的紀念牆則刻載著二二八事件中受難者的姓名。（王正翰攝影）

青團）」、「孔宋集團」、「CC派」（Central Club）在台灣發展自己的勢力，並結合台籍政治人物，互相鬥爭，這不僅使得台灣政治混亂，在二二八事件中更是重要關鍵。

對台灣民眾而言，這一切都與他們想像中的「祖國」相去甚遠。台灣人民對於「祖國」的期盼，從國民政府來台時受到盛大的歡迎可獲證明。但國民政府來到台灣後，不僅貪汙橫行，所有權位亦被以「台胞不解國語國文」的理由遭大陸人士霸占，行政長官以下各級處長和縣市長，僅有三位縣市長是台灣人，其他二十位均為外省籍，官員更是多半為大陸籍，讓原來以為

國民政府來了後，就能夠改變台籍人士無法在政府中任事景況的台灣人，大失所望。

過去，台灣人厭惡日本人的歧視待遇，罵日本人為「狗仔」。戰後，他們發現熱烈歡迎的祖國，原來完全不是那麼一回事，因此就稱來自大陸的「外省人」為「豬仔」。戰後台灣社會流行的一句話——「狗去豬來」，表達台灣人內心的失望與不滿。不滿之餘，他們自然而然將「狗」與「豬」作了比較，他們發現以往所厭惡的「狗」反而可愛了起來，因此，一些台灣人開始懷念起日本人，動不動就開口閉口說：「日本時代如何如何」……此類話語。大陸人

士看到如此情形，於是忍不住又痛斥「奴化」，台灣人對此益加不悅，兩者文化的摩擦，終於釀成了二二八事件的爆發。

二二八事件的過程

　　對台灣影響深遠的二二八事件可分為三階段，首先是1947年2月27日晚上，在台北市發生的緝菸傷人情事，激起民眾久積的憤怒，第二天更多民眾的抗議、請願又遭軍憲機槍掃射，終使暴動蔓延開來。

　　第二階段則是2月28日後，一方面有民意代表、仕紳為主所組成的「處理委員會」進行政治交涉，一方面有若干民間力量收繳槍械、嘗試建軍，企圖以「實力」來達成政治改革的要求。陳儀政府則一面妥協讓步，一面向南京政府請求援助。

　　第三階段最為關鍵，在劉雨卿的第二十一師部隊於3月8日夜間登陸以後，國民政府展開恐怖的鎮壓屠殺，直到5月16日魏道明接任省主席，宣布取消戒嚴，結束「清鄉活動」為止。

　　要注意的是，二二八事件乃是逐步擴散至全台，在國府派兵來台前，亦未達混亂至不可收拾的地

台大醫院

二二八事件中，在行政長官公署抗議的民眾，遭到機關槍掃射，死傷的民眾多被抬往附近的台大醫院急救。（王正翰攝影）

步。大致而言，台北市於2月28日下午起爆發大規模衝突，當天，臨近的基隆、北縣地區也受到波及。3月1日，亂事擴及桃園、新竹一帶；3月2日又蔓延至台中縣市、彰化、嘉義、台南縣市；3日，高雄地區也發生混亂；4日，屏東也爆發衝突，花蓮、台東地區隨之出現狀況。全台各縣市或多或少受到影響，但從3月4日開始，各地秩序就已慢慢恢復；二個有武裝部隊的地區，台中「二七部隊」已移往鄉間，嘉義地區民軍與國軍也展開談判。基本上，事件和平落幕的機會是存在的。

　　既然情形並非不可控制，最後為什麼會產生國府派兵來台鎮壓的

慘劇，「二二八事件處理委員會」其實是關鍵。事件爆發後，3月1日上午，台北市參議會邀請國大代表、省參議員、參政員等組織「緝菸血案調查委員會」，並推派代表赴公署謁見陳儀，提出請求，陳儀也善意回應。

但戰後各派系亦隨之進入委員會，2日委員會改組為「二二八事件處理委員會」，並隨即在全省各地設立。與CC派相當接近，以蔣渭川為主的「台灣省政治建設協會」在陳儀同意下加入，活躍其中；而秩序維持的工作，由軍統的「忠義服務隊」把持；「三青團」則在台灣各地都拉攏一些勢力，因此在全省許多地方的「處理委員會」掌握大權。這些派系希望能夠

因此讓陳儀的政學系灰頭土臉，極力煽風點火，再配合民氣，使得「處理委員會」這些台籍知識分子逐步提高籌碼，最後在3月5日提出長官公署需半數由台人擔任、實施縣市長民選、公營事業由本省人擔任等政治要求，讓陳儀無法接受。再加上軍統系的柯遠芬一開始就認定有共產黨介入，並急於立功，終使國府同意派兵來台鎮壓，這些參加「處理委員會」的台籍菁英多半被捕、槍決，成為台灣歷史上不可抹滅的傷痕。

高雄市立歷史博物館（昔高雄市政府）

高雄市在二二八事變中死傷較為慘重，許多市參議員當時在市政府（今歷史博物館）等待市長與國軍談判消息，卻不料國軍出動鎮壓，掃射市政府，造成許多市參議員的死亡。（王正翰攝影）

二二八事件的影響

到目前為止，二二八事件究竟造成多少人死亡，並沒有十分確切的數字，眾說紛紜。但它對台灣的影響，最重要是喪生者多半為台籍菁英，許多台灣民眾不解這些他們敬愛的醫師、議員們，為何一夕之間變成叛徒，甚至遭到當眾槍決。這使得台灣人民與外省族群的「省籍情結」愈加發酵，帶動「台灣獨立」運動的興起，同時也使台灣人民對政治存有恐懼感，台籍知識分子紛紛退出政治圈。

二二八事件固然讓日後國府在台施政順暢，沒有人敢反抗，但從此以後外省／本省的分野，根深蒂固在每個人的腦海中，造成族群間的裂痕。有很長一段時間，二二八事件更是個禁忌，直到解嚴及李登輝上台後，才普遍始為人們所討論。尤其是1989年侯孝賢導演拍攝、榮獲威尼斯影展金獅獎的電影《悲情城市》轟動一時，人們更急切去瞭解這個封鎖了數十年的禁忌話題是什麼，就此掀起了漫天的討論及研究。

嘉義市二二八紀念碑

嘉義市的二二八紀念碑建於1989年，是全台灣最早落成的二二八紀念碑，現已成為嘉義市重要的瀏覽景點之一。（王正翰攝影）

1989年，全台第一座二二八紀念碑在嘉義市興建；1990年，行政院委託學者調查二二八事件，並出版官方報告；1995年，當時的總統李登輝代表政府向二二八受難者家屬公開道歉；1996年，當時的台北市長陳水扁將事件發生地——台北市新公園更名為「二二八和平紀念公園」，同年行政院通過將2月28日訂為「和平紀念日」。這些代表官方對此事件的態度及歉意，但民間仍對此事件有所爭議，可見它對台灣歷史及社會影響之深，堪稱是台灣史上最重大事件之一。

4. 一九四九大撤退：國府來台

1949年是台灣及中國歷史上關鍵的一年。1949年10月1日，中華人民共和國正式成立，象徵打了四年的國共戰爭進入尾聲，戰敗的國軍展開了大撤退，約有一百六十萬的大軍及其眷屬從中國大陸各地蜂擁來台，掀起台灣社會的一大變化：台灣街頭出現操著各省口音的「外省人」，各地也陸續蓋起專門為軍眷所居住的「眷村」。但國府撤退來台之際，國共之間的戰爭仍未停止，中共隨時準備渡江，直到1950年韓戰爆發，美軍開始協防台灣，國府才正式在台灣扎根。

左營區復興社區

（孫瑩茞攝影）

眷村

2001年資料顯示，台灣國軍列管公有眷村達530座。若包含非軍有及混住（不包含違建），台灣則共有879座眷村，其中以桃園縣最多，其次則為台北、新竹、台中、嘉義、台南、高雄等都會縣市。國軍眷村文化的發展，在近代台灣史中扮演著極重要的角色，也孕育出獨特的文化。而時代變異，眷村已逐漸凋零，此為高雄左營區復興新村一景，是目前留存少數未改建的眷村之一。（均為孫瑩茞攝影）

陳誠治台

二二八事件後,陳儀遭到撤換,特殊的「行政長官公署」也改成與各省相同的「台灣省政府」,由魏道明接任省主席,並開始啟用台籍人士,這算是呼應「處理委員會」的要求。但此時台籍人士已無能力再要求國府,而國府也受在大陸節節敗退的戰役所累,無心照顧台灣。

1948年底,國民政府在中國大陸敗象已露,於12月任命陳誠為台灣省主席。陳誠為蔣介石最信賴的將領之一,將陳誠調來台灣,是蔣介石為日後撤退來台鋪路。

陳誠上任後,為防堵共產黨滲台的跡象,開始實施入出境管制、戶口檢查,並宣布自1949年5月20日起實施戒嚴,同時在1949年4月6日包圍台大與台灣師範學院(今日的台師大),逮捕許多學生,史稱「四六事件」,以此杜絕學生運

動的發展。這都開啟了日後國民政府治台的基礎模式。除此之外，陳誠為求能與中共政權在政治、經濟上競爭，以期在武力決戰之外，建立「不敗」的基礎，於是大力推動三七五減租、地方自治與新台幣的改革。

1949年4月4日，陳誠正式宣布實施「三七五減租」。其主要內容為「耕地租額不得超過土地主要作物正產品全年收穫量千分之三百七十五」，而政策終極的目的則在爭取可能成為中共潛在社會基礎的農民支持。「三七五減租」雖僅是一項減租政策，能不能算是真正的土地改革尚有斟酌餘地，但卻已對台灣以地主為主的菁英階層構成威脅。當時仍在「二二八事件」陰影下的台灣地主階級儘管掌控省級的民意機構，但面對陳誠的壓力，仍然無力反抗。

值得注意的是，陳誠宣布三七五減租時，由於相關的法令並不完備，推動主要是依靠其強大的企圖心及排除阻力。三七五減租只是國府在台推動土地改革的序幕，陳誠從台灣省主席到行政院長任內，持續推動的政策還包括1951年的「公地放領」，及1953年的「耕者有其田」。土地改革的結果一方面削弱了台灣的地主階級，另一方面則因將土地給予農民，取得許多農民對國民黨的支持。

除了土地改革外，地方自治也在陳誠手上起步。戰後台灣的輿論及民意機關雖然一再要求早日實施地方自治，但陳儀與魏道明並沒有實施地方自治的決心，直到陳誠就任台灣省主席，才開始規劃以行政命令為依據的地方自治，通過多項法案。之所以如此，也是因陳誠認為此舉將使其政治工作成果勝過中共政權，有利於與中共的對抗之故。

台灣農村稻田

陳誠從台灣省主席到行政院長任內，持續推動「土地改革」的相關政策，一方面削弱了台灣的地主階級，另一方面也獲得了佃農階層對於國府的支持。（王正翰攝影）

上圖為陳誠（最左側）接見台灣省高雄市議會第二屆議長孫媽諒（圖中繫領帶者）之畫面。（高雄市立歷史博物館提供）

在新台幣改革部分，陳誠以1949年蔣介石下野前，運送到台灣的黃金為基礎，發行新台幣，並切斷與中國大陸的經濟聯繫，避免大陸的經濟亂象影響台灣，也挽救當時台灣的經濟。

韓戰救了國民黨

陳誠擔任台灣省主席的期間，為國府撤退至台奠定良好基礎，但國府在大陸的戰事卻毫無起色。1949年10月1日中共宣布成立「中華人民共和國」，12月蔣介石來到台灣，1950年3月復行視事（蔣曾在1949年1月下野），大批軍隊亦撤退來台。

在這個時刻，國府的命運其實並不被看好，美國政府對於擁有一流裝備的國軍居然打不過共軍，感到不滿與不解。1949年8月美國發表「中美關係白皮書」，表示不再支持國民政府，國際一致認為被美國拋棄的國民政府撐不了太久，毛澤東也信心滿滿，向蘇聯尋求海空軍援助，準備「解放台灣」。

但沒想到，1950年6月韓戰爆發，美國赫然發覺，如果放任共產勢力擴張，攻下韓國、台灣，下一個目標將威脅日本、菲律賓。基於戰略考量，為阻止共產國際擴張，美方決定將台灣納入其同盟，派遣第七艦隊巡防台灣海峽，保護台灣不讓中共奪取。在美國加持下，國民政府終於化險為夷，開啟在台灣長期的統治。

眷村文化的形成

1949年隨著國府來台的外省族群，多半住在「眷村」中，與世居台灣的人民有所隔絕。這些來自大江南北的外省族群，匯集在台灣，也將其家鄉文化帶來，不論是戲曲（京劇、豫劇）、文學（如白先勇

台灣史小百科

白先勇

台灣當代華文作家白先勇，出生於廣西桂林，父親是著名的桂系重要將領白崇禧。他在1952年跟隨國民政府移居來台。白先勇的名作包括小說集《台北人》、《寂寞的十七歲》，以及長篇小說《孽子》等，他的創作中常常表現出歷史起落與人間悲喜滄桑，且東西方文學技巧並容，予人深刻印象。除此之外，他更致力於譯介西洋近代藝術學派佳作，並積極推廣崑曲交流，可謂一代文化宗師。

台灣豫劇團籌備處

在高雄左營扎根的台灣豫劇團，原本隸屬於海軍陸戰隊，是當時穩定軍心的重要角色。而隨著國民政府在台灣落地生根，知名度漸開。上圖為籌備處入口立牌，下圖為劇團練唱情形。（均為孫瑩萱攝影）

等人的小說）、電影、飲食等，都與台灣本土有別，甚至後來還在台灣發展出獨有的特色，如牛肉麵就是一例。但在初期，外省文化挾帶著政權優勢，占據台灣的主流，對台灣社會及文化影響極大，本土文化更是難探出頭。

隨著時代轉移，眷村慢慢走入歷史，外省第二代、第三代多半已融入台灣社會，以往竹籬笆圍起來的世界不復存在，這段歷史卻形成台灣特有的文化，如今眷村菜、回憶眷村的電視影集（如《光陰的故事》）、舞台劇（如《寶島一村》）紛紛上演，各地的眷村文化館也陸續成立，希望能留住這段相當獨特的歷史記憶。

眷村的特殊文化

國軍來台後，為了安置其眷屬，特別尋找靠近軍營的地段，就地取材或建造居住之處，一般稱之為「眷村」。陸軍眷村在軍事要塞附近、海軍眷村通常靠近軍港、空軍眷村則集中在機場周遭，全台眷村的村名也很類似：陸軍是陸光一村、海軍是海光、空軍是大鵬、聯勤是飛駝，憲兵則是忠貞、忠誠。

眷村隔離於外界，自成世界。幾十戶到幾百戶，都是從中國大陸各省遷居而來，來自不同省分的民眾，北從黑龍江、南到廣東，則在此融合，於是形成非常特殊的文化，例如台灣許多著名小吃，如早餐的燒餅油條、好吃的麵食，都是源自於眷村。甚至還在台灣發展出獨創的美食，例如已成台灣代表美食的牛肉麵，一般認為是在南部岡山的老兵，配合當地的豆瓣醬所創造出來，只是當時為讓人以為也是從中國大陸帶來的料理，取名為「川味牛肉麵」，殊不知這是四川根本沒有的台灣美食。

但眷村的竹籬笆，也隔離了外界的台灣民間，加上眷村內都是軍眷，故其愛國、反共的意識型態相當強烈，不僅讓居住於此的軍眷子女發展出獨特的文化，也較難與外界融合，可說是戰後外省族群代表性的文化。

左營眷村文化館

高雄市眷村文化館是由早期的海勝里活動中心改建而成，館內保留了眷村時代的生活用品與文物。眷村文化館的成立，使得在推動眷村改建政策的同時，也能顧及眷村文化的保留。（孫瑩萱攝影）

5. 國民黨政權的確立：國民黨改造與地方選舉

韓戰爆發後，在美國強力支持下，國民黨政權漸趨穩定，但國民政府基本上是從大陸撤退來台的「外來政權」，要能夠在台灣穩定生存，除了美國的背後支持外，對內也需有所因應。因此蔣介石在情勢穩定後，痛定思痛，積極改造國民黨，並運用《動員戡亂時期臨時條款》，鞏固自己的權力；同時以「耕者有其田」、「地方選舉」來爭取台灣民心。三管齊下收到了不錯的效果，讓國民黨政權得以順利在台灣落地生根。

毋忘在莒

民國四十八年（西元1959年）10月5日，蔣中正總統攝於金門戰地。
（中國國民黨黨史館提供）

國民黨的改造

國民黨來到台灣後，開始反省大陸失守的原因，蔣介石認為失敗的致命傷是黨組織的失敗。所以，他認為如果要重建國家，首先必須重新建黨。

蔣介石認為黨組織的瓦解導因於兩方面：一是黨內派系傾軋，二是黨組織與群眾的脫節。因此黨改造計畫的實施，即是企圖改正此缺失。改造之初，首先著手於重組黨內權力結構，蔣介石凍結了原先由陳果夫、陳立夫兄弟控制的中央黨部，以他個人指定的中央改造委員會接掌原中央黨部的職權，這十六名改造委員與蔣介石大都有師生或部屬關係。大陸時期的政界、軍界重要人物，均被摒除在權力核心之外。中央改造委員會下各部門，同樣由蔣個人指派。

經過這番權力重組，建立了國民黨中央統治菁英一元化的領導體

系。這個領導體系是以外省籍菁英為核心，並以蔣家為首，一切的重要政策與人事任命均由蔣介石作最後的裁定，形成一個具有高度集中性的黨國威權統治體系。

穩定政權的《臨時條款》

其次在法制方面，國民政府為能穩定掌握政權，並獲得美國的支持，以1947年頒布的憲法為號召，但實際上卻透過戒嚴體制的《臨時條款》加以切割，製造符合其利益的法律。

中華民國憲法的制訂頗為曲折，國民政府早在1936年已制訂《五五憲草》，但後來遭逢中日戰爭，無法實施；1945年中日戰爭結束後，又碰上國共內戰，國共雙方對憲法看法不一，1946年初好不容易雙方坐下來召開「政治協商會議」，會中對《五五憲草》加以修改，成為《政協憲草》；在1946年底的「制憲國民大會」時，共產黨不願參加，原本占優勢的國民黨籍國大想要回歸《五五憲草》，但蔣介石不願背上「一黨制憲」的惡名，於是以《政協憲草》成為《中華民國憲法》藍本、在1947年1月1日公布，同年12月25日實施。

憲法當中最為後人所爭議的，就是非總統制，亦非內閣制的二元型「議會（責任）內閣制」。「議會（責任）內閣制」的二元結構，一方是元首、另一方是民選的議會（立法院），內閣需向兩邊負責，德國威瑪憲法、法國第五共和均採此方式，而憲法起草人張君勱以其留歐經驗，選擇德國模式，打造《中華民國憲法》。

吳敬恒將國大憲法呈蔣主席
（國立台灣博物館提供）

國府各院長簽署憲法 （國立台灣博物館提供）

《中華民國憲法》的「議會
（責任）內閣制」，雖然看來像是
內閣制，但實際上，從《五五憲
草》開始，不用經過民選的總統
能擁有比民選之立法院
更大的權力，可任命行
政院長，而立法院需要
三分之二多數同意才能
倒閣；就算倒閣成功，
總統依舊可任命貫徹其
想法的人出任閣揆，總
統權力確實大於議會許
多。到了《政協憲草》
時，權力更向總統傾
斜，不但行政院有了複議權，內閣
成員也不由立法委員擔任，雖稱
之為二元型「議會（責任）內閣
制」，但與內閣制相去甚遠，傾向
行政權的立意相當明顯。因其制度
特殊，導致往後究竟是總統制，還
是內閣制的爭議不斷。

儘管如此，這部憲法卻未完
整實施過。1947年底頒訂憲法後不
久，連第一屆總統、副總統都還沒
選出來，就因為國共內戰，國民政
府在1948年制訂《動員戡亂時期臨
時條款》，國民政府就此進入「臨
時條款體制」，選擇對其有利者行
事，到台灣後更將《臨時條款》永
久化，成為「永久條款」。在此基

《中華民國憲法》

《中華民國憲法》是中華民國的根本法，
1946年12月25日經制憲國民大會於南京議
決通過，於1947年1月1日由國民政府公布，
同年12月25日施行。（好讀出版資料庫）

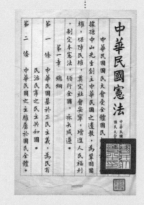

礎下，台灣的戒嚴令一
實施就是三十八年。

由於以《政協憲
草》為藍本的《中華民
國憲法》，有許多國民
黨籍人士不滿意，因此
從憲法通過後，就希望
再修回《五五憲草》。

但對以「遵守憲法精
神」自居的國民黨，自然不願接
受，也不願修改憲法，然而在1960
年蔣介石為尋求三連任（憲法規定
總統只能連任兩次）時，最後以修
改《臨時條款》解決。此例一開，
許多違憲的條款，如國大領薪、
設立國安局等也以「修改《臨時條
款》方式」偷渡，造成當初參與修
憲的香港海外民主人士，以及台灣
的自由派人士不滿，終爆發「自由
中國」事件。

因此國民政府在名義上實施
「憲政」，實際是透過《臨時條
款》將《憲法》中的民主內容凍
結，代之以戒嚴體制。這樣，國
民黨的對內統治便有兩張牌可打：

當形勢較不穩，人民的行為有侵犯獨裁黨權之時，就一切依《臨時條款》辦事，強調管制和鎮壓；當形勢較安定，人民的行為不致威脅到國民黨的權益時，就多落實它幾條「憲法」規定，冠冕堂皇地以「推行民主憲政」告人，在《憲法》與《臨時條款》雙軌體制下進行統治。

地方黨部、土地改革與地方自治

至於在民間社會方面，國民黨一反在大陸高高在上的姿態，在各地遍設黨部，鼓勵台灣民眾入黨。國民黨對台灣社會群眾的滲透，主要機制含括兩類黨部：一是地方性的區域黨部，另一則是統稱為特別黨部的龐大組織。這兩類黨部的吸收，以特別黨部成績較佳，如有名的軍中黃復興黨部，至今仍可看出其組織威力，但在民間的凝聚力仍未盡理想。

除此之外，國民政府對民間社會最大的號召，就是實施「土地改革」與「地方自治」，這兩項自陳誠擔任省主席時代開啟的政策，在陳誠高升後仍一路貫徹，以「土地改革」而言，自1949年至1953年期間，陸續實施「三七五減租」、「公地放領」到「耕者有其田」等政策，強迫地主將土地撥給佃農，使得原先的大地主階級喪失其抵抗的資源，並獲得佃農的好評，鞏固了國民黨在鄉村的選票。

另一項「地方自治」政策則是國民黨為了彰顯身為民主陣營，與共產主義不同，不得不作的抉擇。1946年《憲法》中規定民眾有選舉的權利，國民政府背後的強力後援——美國也希望如此，但對國民政府而言，若貿然實施全面選舉，很可能會失去政權。在國民政府苦思之下，終於想出解套方式，就是宣稱第一屆國大代表、立法委員、監察委員均是包含大陸地區所選出，在大陸未能「光復」以前，

國民黨地方黨部

國民黨在民間社會方面一反在大陸高高在上的姿態，於台灣各地遍設黨部，鼓勵台灣民眾入黨。圖中建物為高雄市三民區國民黨地方黨部。（王正翰攝影）

「第一屆」委員可一直續任。由於後來「光復大陸」的美夢一直沒有實現，這些立委、國代、監委遂就合法地無限期續任，這便是此後飽受批評的「萬年國代」。

「萬年國代」讓國民黨穩固其政權，因為不用改選，而這批人又是一同與國民黨來到台灣，雙方脣齒相依，使得國民黨能絕對掌握政權。「萬年國代」與《憲法》（其實是《臨時條款》）更成了國民黨象徵尚有大陸統治權的「法統」，是其立國之精神。

可是，對以推銷民主為責任的美國而言，不用改選的民代終是無法接受的。於是國民黨在不損及政權安危下，同意台灣省行使「地方自治」的權力，1950年通過的《台灣省各縣市地方自治綱要》，同意實施省議員、縣市長、縣市議員等的選舉，但這種「地方自治」，其實也與憲法規定的權利不符，例如省長、直轄市長無法民選，只能官派。其主要原因在於如果省長能夠民選，將幾乎代表全台灣的民意，對國民黨政權並不利，因此國民黨只願釋出不危及其政權的地方選舉。既使如此，反對運動仍然藉此維繫其香火。

國民黨雖然有限度的開放地方

台中縣縣議會

國民政府遷台後，實施地方自治，台灣各地成立地方議會，圖為台中縣縣議會。（三月雪攝影）

選舉，但絕非放任它自由發展。國民黨在每一縣市，重點扶持二個以上的派系，讓他們彼此輪流執政，互相牽制，使其必須聽命於國民黨，同時也不准跨縣市或與中央級官員結盟。

二重侍從主義的建立

在這種情形下，台灣的政治社會形成「二重的侍從主義」。也就是說，台灣的政治社會被分成中央與地方二級，在中央的統治菁英幾乎都由戰後移往台灣的大陸人士壟斷，地方公職的政治菁英則幾乎是戰前就居住在台灣的台灣人，彼此很少互動。而統治者利用此形成黨國菁英（統治菁英）──地方派系──地方選民三者間的二重侍從

主義，也就是黨國菁英以特權性的利益，如客運、農業金融、土地重劃等給予派系利益，而地方派系拿此利益來培養自己在地方上的網絡（椿腳），最後在選舉時，網絡以選票回報派系，派系再以選票貢獻黨國菁英。這也使得國民黨雖是「外來政權」，但在初期的地方選舉，能是贏多敗少，穩穩的鞏固其政權。

黨國體制下台灣二重政治社會示意圖

> 蔣氏父子（領導者、特殊性選舉）
> 權力↓↑選票（民眾的支持）
> 統治菁英（中央、外省籍、不用選舉）

特殊利益↓↑選票

> 地方派系（地方、本省籍、需要選舉）
> 特殊利益↓↑選票
> 地方選民

製圖／王御風

　　綜合以上所論，在1950年代左右，國民政府外有美國支持，對內則透過黨內改組、法統確立、「二重侍從主義」控制地方派系及選舉等方式，建立一套持久的統治模式。

　　這套統治模式起源來自於共產黨的「列寧主義體制」。在國民黨改造後，不僅黨內服膺蔣家，黨組織甚至滲透到軍中、政治、民間社會，其歷史根源可追溯至國民黨「聯俄容共」，或蔣經國的俄國經驗。但相較於共產主義，國民黨又因在戰後被納入美國的冷戰系統中，因此又要有以「憲法」為主軸的選舉，加上國民黨的外來少數統治，更發展出「二重侍從主義」，融合而成這套以蔣介石為中心的統治模式，伴隨台灣度過1950、1960年代，甚至蔣經國的1970、1980年代也是以此為主軸，直到李登輝上台後，才有了大幅度改變，可見其對台灣的影響。

6. 從小島再起：蔣中正的台灣歲月

若要問起二十世紀影響中國最重要的人物，蔣中正絕對列名其中。但蔣中正本人應該也萬萬沒有想到，在神州大陸鏖戰多年後，他的晚年，竟然是在一個小島中度過。這也讓蔣中正在台灣的歲月，念茲在茲就是反攻大陸，無奈時不我與，只能在台灣度過餘生。

在中國的歲月

蔣中正，字介石，浙江奉化人，早年留學日本陸軍士官學校，他的軍事才能讓其嶄露頭角。1924年，孫中山有感於國民黨缺乏軍事力量，遂成立黃埔軍校，由蔣中正擔任校長。孫中山死後，國民黨內多人爭奪領導地位，蔣中正成功結合孔宋家族，並帶領國民黨軍隊北伐成功，建立其領導地位。

1936年，張學良因不願與中國共產黨對抗，在西安發動兵變，挾持蔣中正。此驚人之舉頓使全中國人民突然發現，除了蔣中正，沒人有足夠聲望抗日；而經過宋美齡斡旋及蘇聯下令，蔣中正平安獲釋，全國歡聲雷動，讓蔣中正的支持度達到頂點。

1937年7月7日，因盧溝橋事件爆發，蔣中正宣布對日抗戰開始。實力上不如日本的中國，在蔣中正的領導下，力撐八年，最後在美軍加入盟軍助力下才逆轉戰局，獲得艱苦的勝利。中國列為世界四強之一，此為蔣中正最光榮的時刻。

蔣總司令巡視黃埔軍校

1924年5月孫中山在黃埔建立軍校，推舉蔣中正擔任校長。孫中山先生親蒞開學典禮所演講的訓辭，成為中華民國國歌歌詞。黃埔軍校遷至台灣後更名為「陸軍軍官學校」，落址於高雄鳳山。（中國國民黨黨史館提供）

然而就在獲得對日勝利後，中國共產黨展開奪權的「國共內戰」。國民黨因接收時的貪汙盛行，導致民心向背，日軍八年打不下來的中國，蔣中正在四年內拱手讓給中共，最後只能在1949年黯然離開中國大陸，撤軍台灣。

孫立人與吳國禎

蔣中正來到台灣後，痛定思痛，決心以其父子為中心，重新建構國民黨。但整個國際局勢不利於蔣，中共也積極準備攻台，未料1950年爆發韓戰，原本放棄國民黨的美國重新恢復支援，蔣中正終於能在台灣島上獲得喘息。

在1949年，蔣中正甫來台，風雨飄搖之際，為了要爭取美國的支援，他特別啟用吳國禎接替陳誠擔任台灣省省主席，以及孫立人擔任台灣防衛司令、陸軍總司令。這兩位都曾留學美國，吳國禎是普林斯頓大學政治學博士，孫立人則是畢業自維吉尼亞軍校。兩人皆非蔣中正心腹，因此在美國確定援助台灣，蔣中正轉危為安後，兩人就與權力中心越離越遠。

實際上，美國對蔣中正也沒有太多的信任感，在韓戰爆發之前，

美國曾接觸孫立人，試圖以孫發動政變取代蔣中正。畢竟對美方而言，留美的孫立人比起蔣中正更容易溝通，然而孫立人是否同意，至今仍是歷史謎團。但無論如何，韓戰爆發，蔣中正成為美國圍堵共產政權的盟友後，吳國禎與孫立人已不再有當初的價值。

吳國禎後來與蔣經國爆發不合，某次出外，又發現車子被動過手腳，於是自動請辭，於1953年赴美。1954年國府傳出吳國禎貪汙的新聞，吳國禎嚴詞否認，甚至在美國公開反駁，並痛罵蔣氏父子，成為美國媒體的焦點，讓蔣氏父子形象受創，史稱「吳國禎事件」。

而吳國禎對蔣家影響更大的，是1984年的「江南案」。作家劉宜良（筆名江南）在美出版《蔣經國傳》後，有意撰寫《吳國禎傳》，消息傳回台灣，情報局長汪希苓出面找來竹聯幫陳啟禮，由陳率領吳敦、董桂森至美國暗殺劉宜良。命案發生後，引起美方當局震怒，情報局相關人士皆遭判刑，更傳出幕後主使者實為蔣經國次子蔣孝武，雖無證據，不過1986年蔣孝武被外放至新加坡，確使蔣家第三代與接班絕緣。

聰明的吳國禎及時脫身，但是

鼓山一路的風光歲月

圖為台灣光復後,高雄市鼓山一路的街景。蔣介石自民國三十八年來台直到民國四十六年,時常住在西子灣官邸,鼓山一路為其必經之路。

(高雄市立歷史博物館提供)

BOX 6 | 棒球運動的興起 | The Story of Taiwan

　　在戒嚴時期,最能夠振奮人心的就是棒球運動。台灣的棒球運動源自日治時期,原本民間極為風行,但國府遷台後,因中國大陸並不流行,故政府也不甚重視。直到1968年,來自台東鄉下的紅葉少棒隊擊敗來訪的日本關西明星隊,轟動一時,促成隔年金龍少棒隊前赴美國威廉波特奪下世界冠軍,開創台灣三級棒球的傳奇故事。對於當時鎖在孤島,面臨外交衝擊的台灣人民而言,每逢夏天的三級棒球大賽期間,半夜看棒球儼如全民運動。台灣棒球運動的養分,終在1990年促成中華職棒聯盟的誕生。

張學良與趙四小姐的愛情故事

東北軍閥張作霖之子張學良,是北伐時期傳奇名將,他與趙四小姐的一段關係,也是從民初流傳至今的浪漫愛情故事。出身於官宦之家的趙四小姐,芳名一荻,家中排行第四,眾人稱呼她為四小姐。在朋友的引介下,她結識了少帥張學良,從此墜入愛河。當時民風尚保守,趙四小姐情奔張帥府的瘋狂舉動,氣得父親登報與她切斷父女關係。

兩人不能公開的愛情,飽受外界的批評和壓力,尤其張學良已有元配夫人于鳳至。只是為愛執著的趙四小姐,仍不捨放棄陪伴在張學良身邊的機會,甘願不要名分。她後來為張學良生下一名兒子。

西安事變爆發,張學良在南京身陷囹圄,開啟了他人生中漫長的幽禁歲月。1940年,于鳳至因病赴美國就醫,趙四小姐仍然陪在張學良身側,照顧他的起居,一起嘗受數十年幽禁生活的悲喜,成為張學良精神與生活上最大的支柱。

張學良與趙四之間的感情是跟著年月流逝而愈發濃烈。早期陪伴張學良的日子裡,頗有氣度的于鳳至,同意趙四小姐以祕書身分留在張家。兩位夫人輪流照顧張學良的生活,彼此間相處據傳是相敬如賓。1964年,于鳳至與張學良解除婚姻關係,張學良與趙四小姐的愛情長跑,在白首將至之時終得正果。同年7月4日,63歲的張學良與52歲的趙一荻正式結為夫妻。

1995年,趙四小姐跟著張學良移居美國夏威夷。此後,隨著兩夫妻年紀增長,病痛的侵襲也一天天加劇。就在2000年,敵不過病魔的趙四小姐先一步告別了人世,享壽88歲。隔一年,存在二十世紀人們心中的一代少帥張學良也跟著老妻而逝,享壽100歲。這段堪稱無怨無悔的曲折愛情故事,至此劃上句點,留予後人無限緬思與懷想。

孫立人則無此好運。1955年,國府指稱孫立人的屬下——鳳山陸軍步兵學校少校教官郭廷亮為匪諜,孫立人以「知匪不報」之罪情,遭到軟禁,直到1988年5月蔣經國過世後,孫才被解除長達三十三年的看管。其屬下因此事遭牽連者,多達三百餘人。

西子灣蔣介石行館

該建物建於西元1937年,而後海軍總司令部將其移交總統府,作為蔣介石在南部的駐蹕之所,光復初期蔣公南下便在此下榻休息。目前由中山大學管理,規劃作為藝文展覽場所。(王正翰攝影)

五連任總統及反攻大陸

在獲得美國支持後，蔣中正透過黨內改造及增修《臨時條款》，牢牢掌握權力，並以陳誠實施土地改革、地方自治，蔣經國改造情治及軍隊，逐步穩定台灣。

蔣中正也沒想到，到了台灣一待就是這麼多年。在他1948年就任首屆中華民國總統後，兩屆十二年任期匆匆過去，到了1960年，蔣中正有意要競選第三屆總統，但根據《憲法》規定，中華民國總統最多僅能擔任兩屆。蔣中正的三連任，引起許多反對聲浪，後來反對最力的雷震被逮捕下獄，反對聲音隨之沉寂。蔣中正藉由增修《臨時條款》方式，打破限制，一再連任，最後五連任總統，成為中華民國歷史上總統任職期間最久的一位。

對於蔣中正而言，其最大的心願就是能夠反攻大陸，1961年更成立「國光計畫室」，準備反攻大陸，甚至不論韓戰或越戰，蔣中正都表達願意加入戰局的意願。但對於美國而言，則是不願再捲入一場沒把握的戰爭，因此不支持蔣中正的反攻計畫，終使蔣中正一生最大的志願落空，餘生在小島上度過。

蔣中正來到台灣後，積極栽培

豐原中正公園蔣公銅像

今日仍可見蔣公銅像立於台灣各地之公共場所。（三月雪攝影）

兒子蔣經國接班，其間副手陳誠雖有意角逐，但陳於1965年就過世，使得陳誠與蔣經國的競爭甫起步就落幕。蔣中正於1969年在陽明山上出了一次車禍，從此體力大為衰退，1972年當選第五屆總統後，提名蔣經國擔任行政院長，實際上等同正式交棒給蔣經國，於1975年逝世。

威權統治及影響

　　蔣中正在台灣的統治，是透過軍警情治強力鎮壓，與一般人民較為疏遠的威權統治。在他任內，不僅公共場所四處可見其銅像，各地最主要的道路也多半以「中正」命名，中小學課本中，更充滿對其推崇的個人故事，甚至其生日（10月31日）亦是國定假日，到了這一天大家還要遊行慶祝，以及到其設於各地的壽堂上鞠躬致意。

　　解嚴後，一般人民對於蔣中正的評價兩極。西元2000年民進黨執政後，即針對以往表彰蔣中正的種種加以限制，2007年民進黨政府更開始推動「去蔣化」，將紀念蔣中正的「中正紀念堂」更名「台灣民主紀念館」，並將門前牌樓的「大中至正」改為「自由廣場」，引起社會諸多討論。2008年民進黨總統大選失利，「台灣民主紀念館」又更名回「中正紀念堂」，但許多被拆掉的蔣公銅像卻不再回復。究竟蔣中正對台灣的貢獻如何，是民族英雄？還是獨裁者？恐怕一時之間，還難有定論。

中正紀念堂　蔣中正於1975年4月5日逝世後，行政院於當年6月即決定興建中正紀念堂以茲紀念。正堂下層陳列了蔣中正的衣冠、文獻、照片等，而內部廣大的藝廊與展演空間，也常外借舉辦展覽或招待外賓。（王御風攝影）

參考書目

鄭梓，《戰後台灣的接收與重建》（台北：新化，1994年）。

戴國煇、葉芸芸，《愛憎228》（台北：遠流，1992年）。

鄭梓，《戰後台灣議會運動史之研究——本土菁英與議會政治（1946~1951）》（作者自印，1993年）。

李筱峰，《台灣戰後初期的民意代表》（台北：自立晚報，1986年）。

陳儀深，〈論二二八事件的原因〉，《台灣史論文精選》（台北：玉山社，1996年）。

二二八事件研究小組，《二二八事件研究報告》（台北：時報，1994年）。

陳翠蓮，《派系鬥爭與權謀政治—　二二八悲劇的另一面向》（台北：時報，1995年）。

李筱峰，《解讀二二八》（台北：玉山社，1998年）。

薛化元，〈陳誠與國民政府統治基盤的奠定——以一九四九台灣省主席任內為中心的探討〉，《一九四九年：中國的關鍵年代學術討論會論文集》（台北：國史館，2002年）。

林博文，《1949石破天驚的一年》（台北：時報，2009年）。

薛化元，〈張君勱議會（責任）內閣制主張之研究（1922~1947）〉，《國立政治大學歷史學報》第十六期，1999年5月。

薛化元，〈中華民國憲政藍圖的歷史演變——行政權為中心的考察〉，《月旦法學》第二十六期，1997年7月。

胡佛，〈台灣威權政治的傘狀結構〉，《政治變遷與民主化》（台北：三民，1998年）。

龔宜君，《外來政權與本土社會——改造後國民黨政權社會基礎的形成（1950~1969）》（台北：稻鄉，1998年）。

若林正丈著，洪金珠、許佩賢譯，《台灣——分裂國家與民主化》（台北：月旦，2000年）。

黃嘉樹、程瑞，《台灣政治與選舉文化》（台北：博揚文化，2001年）。

第八篇

戰後台灣社會的擺盪
告別威權，展臂開放

1. 白色恐怖的時代：匪諜就在你身邊

　　1949年，國民政府在大陸戰場節節敗退，美國同時發表「對華白皮書」，表明不介入國共之間的戰爭，國民政府能否守住台灣，受人質疑。共產黨派遣在台灣的「台灣省工作委員會」也開始積極吸收因二二八事件對國府不滿的台籍知識分子，學生、工人運動趁勢而起。

台灣大學校門

1949年4月6日，警備總司令部進入師院及台大校區逮捕學生，史稱「四六事件」。（郭純靜攝影）

　　1949年3月20日晚間，台灣省立師範學院（今國立台灣師範大學）及台灣大學兩位學生因騎乘腳踏車雙載被取締（當時規定腳踏車不能雙載），擴大成為

學生與警方的抗爭，不僅學生包圍警察局，在後來的聲援晚會中還唱共產黨歌曲，讓國府決定對學生採取動作。4月6日，警備總司令部進入師院及台大校區逮捕學生，史稱「四六事件」，這也是一般認為「白色恐怖」的開端。

1949年5月19日，國府宣布台灣戒嚴，5月24日立法院通過的《懲治叛亂條例》，以及6月13日頒布的《戡亂時期檢肅匪諜條例》，讓「白色恐怖」更大規模的執行。對於當時面臨生死存亡的國府，是以「寧可錯殺、不可放過」的態度並配合高額獎金來鼓勵大家檢舉匪諜。而此時期以1949年8月基隆中學鍾浩東的《光明報》案，及1950年的「台灣省工作委員會」蔡孝乾案最著名。

鍾浩東的故事，小說家藍博洲筆下的《幌馬車之歌》忠實地加以記載。鍾浩東為著名小說家鍾理和的同父異母兄弟，因心懷祖國，不滿日人統治，在民族主義促使下，偕同妻子蔣碧玉（蔣渭水領養之女兒）奔赴中國戰區，在丘念台的「東區服務隊」下工作，二次世界大戰結束後，返台擔任基隆中學校長，二二八事件發生後，鍾浩東對國府治台漸生不滿，於是開始印製

地下刊物《光明報》宣傳。1949年8月事發，鍾浩東與基隆中學許多師生均被捕。

蔡孝乾則是中共派遣來台的「台灣省工作委員會」領導者（書記），1946年組織在台成立，但初期發展並不順遂，直到二二八事件後，許多台籍知識分子不滿國府，才讓組織壯大。但也因其快速發展引起國府注意，在《光明報》案後，循線偵破「台灣省工作委員會」，並於1950年4月逮捕蔡孝乾；後根據其口述，陸續破獲其外圍組織，1950年前後的共諜案多半源自於此。

1950年6月的韓戰，是國府的轉捩點，原先放棄國府的美國，派遣第七艦隊協助保衛台灣，國府在台灣的情勢從此穩固。此後這些政治犯的命運，除願意供出其他組織的上層人士，如蔡孝乾等，其他人則多半難逃一死，如鍾浩東就在1950年10月14日槍決，能活下來的也開始漫長的牢獄生活。

「白色恐怖」隨著政治情勢而有所改變，在1950年代多是與中共有關的「匪諜」，隨著日後民主運動與台獨意識的崛起，「台獨」案也從1960年代逐步增加，較著名的有1961年以施明德為首的「台

高雄七賢三路（昔日酒吧街）

1950年韓戰爆發，美國第七艦隊入駐台灣，最靠近高雄碼頭的七賢三路，開始出現美國海軍的蹤跡，促進了酒吧行業的興起，當時的七賢三路成了名副其實的「酒吧街」。
（王正翰攝影）

灣獨立聯盟案」和同年9月「蘇東啟」案，以及1962年「興台會」案、1963年「廖文毅」案、1964年「彭明敏」案等。「匪諜」與「台獨」，成為「白色恐怖」時期的兩大罪狀。

「白色恐怖」可說是兩蔣時代統治台灣的利器之一。在政治上，只要是誰對其統治有所不利，「匪諜」與「台獨」頭銜一掛，就讓人永不翻身。如著名的「孫立人」案、雷震「自由中國」案、「余登發」案，都是為了阻斷主人翁的下一步政治發展，先將身邊人士逮捕，逼迫他們承認是「匪諜」，然後再以「知情不報」將其定罪。1979年的「美麗島事件」，也是在警民衝突下，以「叛亂」罪嫌將黨外人士一網打盡。這些都讓兩蔣消除了政治上的反對者，再無人敢反對。

也因為「白色恐怖」對統治者效用如此之大，因此調查局等執行機構就拿著令箭，四處捉人，「寧可錯殺百人、不可放過一人」，再

BOX⑥ | 禁歌 | *The Story of Taiwan*

　　在戒嚴時期，連流行歌曲也受到政府的監視，許多歌曲只要與政府「政策不合」，就會被禁，許多被禁的理由如今看來十分荒謬。例如著名的台語老歌《四季紅》，只因「紅」是中共的代表顏色，就變成「為匪宣傳」，得改成《四季謠》才能唱。另一首耳熟能詳的《燒肉粽》原名叫做《賣肉粽》，政府認為歌詞中描述知識分子找不到工作而只好賣肉粽維生，是暗指政府無能，得改成《燒肉粽》才過關。這可看出戒嚴時期，文化工作者的艱難處境。

加上捉到「匪諜」、「台獨」有巨額獎金，有心人士亦以此來消滅政敵，最後造成冤案、錯案不斷。

　　例如著名的作家李敖因「台獨」入獄，黨外大老余登發則因「匪諜」被關，兩者政治立場非常鮮明，反台獨者卻因台獨入獄，如今看來相當可笑，但也說明當初只求讓你入獄，各種理由皆可行。最有名的例子是作家柏楊案，當時柏楊翻譯《大力水手》的漫畫，畫中大力水手與其兒子流落無人荒島，兩人無聊開始競選島上總統，被認為在影射蔣氏父子，以「共產黨間諜」及「打擊國家領導中心」的罪名，判處十二年有期徒刑。

台灣史小百科

為什麼叫做「白色恐怖」

　　「白色恐怖」起源於法國大革命的巴黎公社，當巴黎公社被攻擊時，公社中的成員找不到代表公社的旗幟，一名女工撕下身上的紅布代表旗幟，從此紅色代表進步，白色則代表保守勢力，日後類似的恐怖鎮壓行動，都被稱之為「白色恐怖」。在台灣，「白色恐怖」一詞大多用來稱呼中華民國政府在50年代、60年代的台灣對共產黨、台獨和民主改革等政治運動及嫌疑者的迫害。所以台灣「白色恐怖」的起因，是在內戰中失利下遷台的國民黨政權，為鞏固「反攻基地」，而在台灣執行「肅清異己」的行為。

綠島

白色恐怖年代，諸多政治受難者被逮捕、審問、酷刑、審判，乃至發監執行，綠島監獄儼如當時的白色恐怖監禁地。
（黃冠博攝影）

在白色恐怖年代，幾乎有思想的知識分子人人都被調查、有案底，連前總統李登輝也因年輕時左傾經歷被關切監視，整個社會人心惶惶，「匪諜就在你身邊」。而更冤枉的是那些被牽連入獄者，不但家人痛苦、家中經濟陷入困境（被捕者多半是家中經濟支柱），其眷屬更被貼著政治犯家庭的標籤，求學、就業都飽受歧視。

「白色恐怖」的落幕，一般人認為從1987年7月14日宣告解除戒嚴開始。1998年開始設置財團法人「戒嚴時期不當叛亂暨匪諜審判案件補償基金會」，2000年12月15日，立法院通過「戒嚴時期不當叛亂暨匪諜審判案件補償條例部分條文修正案」，為當年受難者及家屬提供補償，也希望能讓大家正視這段歷史，不再出現同樣的錯誤悲劇。

《懲治叛亂條例》

威權體制時期箝制人民思想的《懲治叛亂條例》，其規定常常違反了罪刑法定主義的刑法基本原則，使得公民人權相當容易受到侵害。1991年5月發生「獨台會案」，使本法受到強烈的質疑，立法院遂通過廢止本法。（六堆生活學院提供）

2. 民主的封殺：雷震與自由中國案

雷震的「自由中國案」是1960年相當令人震驚的政治案件。《自由中國》當初是為了「反共、擁蔣」，由大陸來台的自由派人士如胡適、雷震等人創辦的雜誌。靈魂人物雷震，字儆寰，出生於浙江湖州長興，青年時赴日本留學，1917年加入中華革命黨，後進入京都帝國大學法學部法政學科就讀，主修憲法。1926年他回到中國，曾任國民參政會副祕書長、政治協商會議祕書長、制憲國大代表兼副祕書長、行政院政務委員等，為國民黨內重要人物。

1949年，當國共內戰接近尾聲時，雷震就曾在上海與胡適、王世傑、杭立武等籌辦《自由中國》，後因上海失守未成，11月20日，《自由中國》半月刊在台北創刊，在美國的胡適掛名發行人，以雷震為實際負責人。1950年雷震被蔣介石聘為國策顧問，並曾於1950年、1951年兩度代表蔣介石赴港宣慰反共人士，並探聽第三勢力在香港的發展情形，可見雙方關係良好。

創辦之初，這批以《自由中國》為代表的「自由主義」者，雖不滿共產主義，也希望國民政府能落實民主化，然而在大環境下，擁護蔣介石卻是唯一選擇。但在美國介入，國府政權獲得保障後，《自由中國》開始提出許多諍言，讓國府不太高興，雙方關係漸趨緊張。

1955年雙方關係更加緊繃，《自由中國》不僅沒有退縮，更開始強化其反對黨的主張，希望能促成以民、青兩黨為基礎，或是進而包括無黨籍獨立的政治人物及國民黨開明人士在內，組成反對黨。

《自由中國》一直把反對黨成立、壯大的希望寄託在執政者善意的容忍和扶植之上。不過，執政黨卻早已表態「不准有反對黨」，使得雷震及《自由中國》的期待欠缺現實的基礎。

為了突破此一困局，1958年《自由中國》在社論中，強調反對黨「必須爭取取得政權的可能性」，而此一可能性，是在現實的政治運作下，無可避免地必須與選舉連結。當時台灣的選舉只有地方選舉正常舉行，因此，《自由中國》在原來以中國大陸來台的自由民主人士為主體的組黨構想之外，

思考與台灣本土政治人物結合的問題。兩者一旦結合，力量必定更強大，這讓國府對其組新黨主張格外關切及緊張。

雷震與蔣介石的衝突，在蔣介石1960年試圖「三連任」總統時達到高潮。雷震與《自由中國》不僅反對蔣介石違反憲法中總統僅能連任一次的規定，更試圖以反對黨作為武器。雷震在5月發表了〈我們為什麼迫切需要一個強有力的反對黨〉，並與非國民黨籍人士舉行選舉改進檢討會，主張成立新黨，後更決議組織「地方選舉改進座談會」，且積極籌備組織中國民主黨，由雷震擔任地方選舉改進座談會召集委員，與李萬居、高玉樹共同擔任發言人。種種跡象顯示新政黨的設立已是箭在弦上，如果讓新政黨設立成功，國民黨辛苦建立的「黨國體制」必然受到莫大衝擊，國民黨衡量得失，決定逮捕關鍵人物雷震。9月4日，雷震以匪諜罪遭逮捕並判刑十年，新政黨的組黨工作宣告失敗。

「自由中國案」使得國府的統治更加穩固，配合「白色恐怖」及對媒體的控制，讓1960年代反對聲音相當罕見，其中僅有如《文星》的李敖、作家柏楊等人敢有議論，但隨即被捕下獄，這種言論自由的政治冰封期，一直到1970年代才開始解凍。

雷震雖然組黨失敗，遭誣陷下獄，但《自由中國》所傳達的自由、民主精神，卻深深影響了後來的知識分子，成為許多民主運動者的啟蒙刊物，而《自由中國》所爭取的組黨也終於實現，這對雷震而言，可說是遲來的平反。

《自由中國》雜誌選集

《自由中國》為擴展民主自由空間為宗旨的政治刊物，在1950、60年代，成為罕見的反對政府聲浪。而自由思想學術基金會於2003年重新編選《自由中國》選集，由稻鄉出版社出版發行。（孫瑩萱攝影）

3. 大戰再起：八二三砲戰

1958年（民國四十七年）8月23日，中華人民共和國人民解放軍於下午五時三十分開始，用數百門大砲對金門及附近諸島，在短短八十五分鐘內，共發射了三萬多枚砲彈，砲戰並持續到1959年（民國四十八年）1月7日，總計發射了四十多萬枚砲彈。此次戰役，史稱「八二三砲戰」，又被稱作「第二次台海危機」。

1949年，國民黨為主體的中華民國政府播遷來台，甫建立的中華人民共和國打算一鼓作氣，攻下國軍仍占領的沿海島嶼，但在1949年年底陸續在金門（古寧頭）及登步島戰役中挫敗。1950年6月，韓戰爆發，共軍援韓，也就無力攻台，等到1953年韓戰停火後，共軍有餘力應付國軍，於是在1954年發動攻擊；先於1954年9月3日，首度砲擊金門，被稱為「九三砲戰」，後更於1954年11月，對於國軍占領在浙東沿海的島嶼展開攻擊，1955年1月，占領一江山島，下一個目標鎖定大陳島。

高雄八二三砲戰紀念碑

「八二三砲戰」又稱為「第二次台海危機」，因為這是1949年以後台海第二次大規模的軍事對抗。目前除了金門島之外，全台各地也都立有「八二三台海戰役紀念碑」。
（王御風攝影）

一江山是捲入國共對峙的島嶼之一,後來國軍部隊撤退。為紀念此戰役,台北設有「一江街」,街上「一江公園」內有蔣中正所題字的紀念碑。(王御風攝影)

中共的連串攻擊,引起美國的強烈反應,國會立即通過對台的協防案「福爾摩沙決議案」,也與台灣積極簽訂《中美共同防禦條約》,這使得共軍開始縮手,而美國也認為大陳島距離台灣太遠,不易防衛,力勸台灣放棄大陳。1955年2月,大陳島的國軍與民眾在第七艦隊護航下,全部撤退,這是「第一次台海危機」,中共順利占領浙東沿海島嶼,但台灣獲得美國的全力相挺,讓共軍更難跨過台灣海峽,雙方各有得失。

隔了三年後,1958年8月,當全世界注意力放在中東的爭端時,毛澤東再度狂攻金門,並測試美國協防台灣的決心。由於《中美共同防禦條約》並未明言協防外島,美國對此相當謹慎,駐守海峽中線的美軍第七艦隊不為所動,僅協助運補,且全美輿論對於美方捲入此戰役出現不滿聲浪,故此白宮要求蔣介石從金門撤軍,可是卻被蔣斷然拒絕。

蔣介石拒絕美方的要求,卻讓毛澤東有所警覺,發現如果蔣介石從金、馬撤軍,接受美國第七艦隊在台海中線的保護,將會與中國越走越遠,變成實質上的「一中一台」。於是毛澤東改採「打而不登、封而不死」的方式,不準備占領金門,讓蔣介石留有金門,10月25日起,毛澤東宣布採取「單打雙不打」,也就是單日打、雙日不打的策略。後來只有突發事件會出現大量砲擊,讓「第二次台海危機」終告一段落。

4. 從美援到加工出口區：台灣經濟奇蹟的誕生

國府能夠在台灣站穩腳步，除了政治上的強力肅殺外，經濟上的「台灣奇蹟」更是功不可沒，台灣成為與新加坡、香港、韓國並稱的「亞洲四小龍」。戰後台灣經濟的快速成長，讓國民黨政權雖然在政治上頗受批評，但因為生活的日漸富裕，使得許多民眾堅定支持國民黨。

戰後台灣「經濟奇蹟」的開端，建構在二項重要背景上：一是國民政府來台時，將日產日資沒收，成立相當罕見的大批國營、黨營事業；二則是美國的支持。上述兩者，尤其是後者，讓國民政府有充裕的力量來建構「經濟奇蹟」。

1945年國府來台後，大量接收原有的日資工廠，改為公營事業，讓台灣工業發展由民間轉為政府主導，例如「台灣機械公司」、「台灣水泥公司」、「中國石油公司」等。1950年韓戰爆發後，美國正式

楠梓煉油廠 照片中為今中油公司高雄市煉油總廠前身，為日治時期日本政府所興建之「日本海軍第六燃料廠」。（高雄市立歷史博物館提供）

展開對台灣的援助，台灣經濟與工業都受惠於「美援」而逐步穩定。

在美援支持下，國府於1950年至1960年間推動「進口替代工業化」經濟政策，顧名思義，就是希望台灣自製商品取代進口產品，節省台灣的外匯，也與美國希望台灣能「靠自己」的政策相符。國府選定發展的重點是與民生相關的紡織、肥料工業。紡織工業主要由中國大陸移入的廠商為主軸，如「遠東」、「台元」，但肥料工業卻沒有如此好運，在美援主導下，國府被強制要求購買日本進口的肥料，使肥料工業無法如紡織業蓬勃發展。

除了外省籍商人外，本省傳統的商業家族在此時期也面臨強烈變動。1953年國府土地改革完成，傳統以土地為主的台籍商人，其土地多半被徵收，但國府並不是強制徵收，而是從日產沒收的四大公

台灣水泥公司

「淺野水泥株式會社高雄工場」成立於1913年，該場於戰後併入台灣水泥公司，而為現已停工之「台泥鼓山場」。
（高雄市立歷史博物館提供）

司（水泥、紙業、農林、工礦）股票加以交換，這也迫使台灣傳統的大地主轉型，如鹿港辜家就藉此掌握台灣水泥公司，至於小地主則在這波浪潮中淹沒，台灣經濟型態宣告徹底轉型。在其中，水泥產業成為代表，在政府全力支持下，台灣水泥成為台籍商人民營公司的龍頭，與紡織業（以大陸籍商人為主）同成為除了國營企業外，民營最大的兩項產業，但明顯可見政府介入的痕跡。

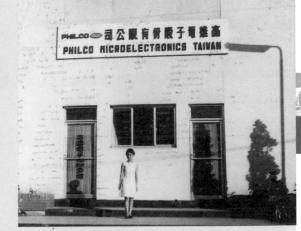

高雄電子公司

照片中為一名女性員工，於前鎮高雄加工出口區西一街9之1號高雄電子公司前之留影。（高雄市立歷史博物館提供）

美援其實是美國的全球性政策，1957年起美國內部產生經濟不景氣，促使美國重新檢討美援政策，因此希望台灣能改變經濟政策，將以往自立自足、節流的「進口替代工業化」，改成賺取外匯、開源的「出口導向工業化」。在美國壓力下，國府開始敞開大門，接納外資，這在國民黨內引發諸多討論。許多人認為開放的結果會讓1950年代的經濟成就一夕間化為泡影，但實際上，不僅是美國的壓力，腹地狹小的台灣在十年內，島內市場也已飽和，要生存，只能往外發展。於是在蔣介石與陳誠支持下，台灣重新回到國際市場。

這個結果讓1960年代成為台灣經濟成長的黃金時代，外資（主要為華僑、美資、日資）開始導入，在台灣設立工廠，納入全球體系，成為國際分工的一環，尤其是1966年開始設立的加工區，更吸引許多外資投資。從1964年到1973年，台灣經濟以每年二位數的驚人速度成長，所謂的「台灣奇蹟」於焉誕生，也讓台灣成為所謂的「新興工業經濟地區」（NIES＝Newly Industrializing Economies），加工區模式後來不僅在台灣發展成為科學園區，連中國大陸1980年代改革開放後也跟著大量複製，創造另一個經濟奇蹟。

　　這個黃金年代也帶來台灣社會的轉變，台灣從農業化社會變成了工業化社會。台灣的農業在1950年代為台灣社會的復甦與安定提供最有力的支撐，在1950年代，台灣主要的出口產品仍是外銷至日本，以米、糖為主的農產品，而國府需要供養百萬軍公教人員的糧食，也透過「肥料換穀制」、「徵穀制」與「分糖制」剝削農民而來。而到了1960年代，在台灣進入工業化後，農村人力開始被吸納成為工業化的資源，許多工廠甚至設在農村，台灣的農村開始走向沒落。

　　1960年代的另一現象是民間的中小企業竄起，台灣經濟的最大特色就是政府的力量相當強大，1950年代台灣企業除了接收日產的官營企業外，僅有大陸來的紡織工業及大地主轉變的四大公司，但到了1960年代後，由活躍的中小企業取代這些公司。例如1960年代最重要崛起的電子業而言，政府只有站在輔導角色，並不像電力、金融業等，完全獨占，因此這時台灣產業是官民營共存的時代。

　　另一個要注意的是台灣此時的產業是納入國際體系的加工廠，

多半不是獨創，而是幫別人組裝零件。例如此時崛起的電子業：大同、聲寶、國際，都是幫日本大廠組裝電子產品，再賣到美國去，這使得此時經濟呈現「三環結構」：在1950年代是由美國輸入美援，再外銷農產品到日本；到了1960年代則是由日本輸入零件，外銷產品至美國。這也說明了「台灣奇蹟」的依賴性，直到如今，台灣工廠仍是以代工為主。

但不可否認的是，同樣依賴於美國加持者如拉丁美洲國家，最後卻不如台灣的成績耀眼，有人認為有下列幾點原因：一、國民黨記取大陸教訓，成功在政治上改造成功；二、國民黨同樣記取大陸失敗原因，重用技術官僚，這些技術官僚也相當中立清廉，不與商人有所勾結；三、缺乏反對政府的力量，使台灣能提供廉價又素質優良的勞工；四、在進入國際化的階段，國民黨有充分的主導權，不會被外商牽著鼻子走。但這些原因，如國民黨的威權，在經濟持續發展後，卻成了國民黨要面對的問題。

日月光公司大樓

日月光半導體公司於1984年創立，並配合政府發展高科技政策，事業經營範圍包括各型積體電路之製造、組合、加工、測試及銷售。（王正翰攝影）

5. 從蘇聯到台灣：蔣經國時代

台灣歷任領導人中，蔣經國不僅影響深遠，更受到許多民眾愛戴，時至今日，仍有許多政治人物以「蔣經國傳人」自居，搶戴他的光環。而蔣經國穿著一襲夾克，在路邊攤吃小吃、與民眾話家常的畫面，不僅讓台灣民眾們記憶猶新，更是政治人物群起模仿的名場景，但畫面能夠複製，經驗卻不能傳承，蔣經國面對台灣內憂外患危機，能夠帶領大家走過惡水，靠的是他一生坎坷又傳奇的生命經驗。

從中國到蘇聯

蔣經國是蔣中正與其元配毛福梅所生之長子，年輕時代的蔣經國，正逢蘇聯革命浪潮襲捲全球，於是向蔣中正要求能夠到蘇聯去學習，蔣中正遂答應讓他到莫斯科中山大學留學。他在蘇聯讀書期間，蔣中正與中國共產黨正式決裂，禍及在蘇聯的蔣經國，被一路下放到西伯利亞的工廠。蔣經國後便在蘇聯娶妻生子，與白俄羅斯姑娘蔣方良結婚，打算就此落地生根，不料「西安事變」後，蔣中正再度與共產黨合作，遂要求蘇聯將他兒子送回中國，蔣經國才回到他的家鄉。

蔣經國回到中國後，蔣中正開始細心栽培，先任江西省第四區（贛南地區）行政督察專員兼區保安司令，後轉任三民主義青年團組訓處處長等職務，雖然都頗有建

蔣家父子在重慶合影

自俄返歸的蔣經國，隨即於1939年擔任贛南地區的行政督察專員兼保安司令，成績斐然，其父也頗加讚賞。此圖為蔣經國在1940年3月赴重慶，向父親報告贛縣的情況。（中國國民黨黨史館提供）

樹，可看出蔣經國的才幹及理想，但面對國民黨內派系的掣肘，蔣經國往往志不能伸。其中最著名為國共內戰末期，全中國人民對國民黨貪汙感到不滿時，蔣中正派蔣經國赴上海整飭貪汙、「打老虎」，但碰到後台更硬的宋美齡親人「孔宋家族」，蔣經國鎩羽而歸，而中國國民黨的大陸江山也就此宣告不救，蔣經國與其父親蔣中正一起來到台灣。

從中國到台灣

　　蔣中正來到台灣後，痛悟到大陸的失守，主要原因就是國民黨內派系的紛雜，於是到台灣後將全部派系趕離政治中心，建立由蔣中正為核心的領導中樞。除了蔣中正外，真正執行者為陳誠與蔣經國。雖然表面上陳誠為副總統及行政院長，最具接班架勢，但實際上，城府頗深的蔣經國卻是鴨子划水，他先掌管情報系統，後出任國防部副部長、國防部部長到行政院副院長，黨、政、軍、情的歷練，就是為接班做準備。

　　蔣經國更在軍事上學習共產黨，引進政戰制度，創辦政工幹校，讓國民黨能夠「以黨領軍」，

避免在大陸上被軍閥牽著鼻子走的舊事重演。在校園中也創辦中國反共青年救國團，藉由團康方式凝結管控學生，避免大陸上的學運再起，這也使他受到年輕人的歡迎，受封為「青年導師」，幫他主管這兩大領域的王昇及李煥，更成為其手下文武兩大將。這看得出蔣經國步步為營的謀略，幫助國民黨在台灣統治更加穩固。

蔣經國時代的開啟

　　蔣經國一步步朝接班邁進，其中只有陳誠一度試圖挑戰，但陳誠在1965年逝世，已無人有能力與蔣經國抗衡。1972年蔣中正當選第五屆總統，蔣經國出任行政院長，當時蔣中正因先前車禍之故，身體狀況欠佳，權力逐步移轉給蔣經國。蔣經國趁此開啟一連串新政，象徵新時代的開始，我們也可說，此時台灣開始步入「蔣經國時代」。

　　蔣經國上台時，其實內憂外患、危機重重，最嚴重是一向為台灣支柱的美國，在戰略調整下，漸與中國和解。1971年台灣在「漢賊不兩立」原則下，無法接受中共進入聯合國，憤而退出聯合國，1972年美國總統尼克森訪中，簽署

《上海公報》，這都象徵著美台關係生變，美國試圖與中國建立外交關係，頓使長期以「中國代表」的中華民國地位搖搖欲墜。

台灣島內，則因為經濟快速發展，都市中產階級興起，對於長期冰凍的政治有所不滿，壓抑許久的「黨外」反對運動（見第196頁※註）再度復甦。黨內大老們對於蔣經國的接班也不是全然沒有意見。而1973年爆發的石油危機，更衝擊台灣以外銷為主的經貿體制。內外交迫下，考驗著蔣經國的智慧。

十大建設穩住經濟發展

1973年的石油危機，是蔣經國一上台就碰到的經濟衝擊，蔣經國採用擴大內需的方式，推行「十大建設」來挽救危機。十大建設主要分為兩部分：一是產業的升級，主要集中在高雄，分別是中國鋼鐵公司、高雄大造船廠、石油化學工業區；二是基礎的交通及能源，分別是中山高速公路、桃園中正國際機場、台中港、蘇澳港、北迴鐵路、鐵路電氣化及核能發電廠。如今看來，各項建設並非完全成功，李國鼎（時任財政部長）甚至以「歪

中山高速公路 中山高速公路北起基隆，南至高雄小港，中以支線連接桃園國際機場，全長373公里。1971年8月14日開工， 1978年10月31日中沙大橋啟用，高速公路全線正式通車。（王正翰攝影）

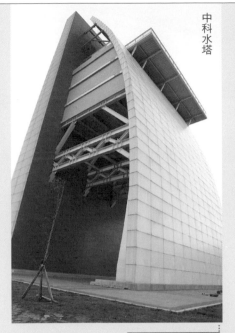

中科水塔

中部科學工業園區

中部科學工業園區，簡稱中科，2002年由
行政院核定成立，園區分佈於台灣中部的
台中縣市、彰化縣及雲林縣四縣市。
（均為李中萬攝影）

「打正著」來形容。但這是國民政府在台
灣主政以來首次大規模建設台灣，而且
也確實利用內需讓以外銷為主的台灣產
業在石油危機時期獲得喘息，因此台灣
民眾對此評價甚高。日後台灣接任的
總統、行政院長，一上台都會推出各種
「建設」，但卻完全不及十大建設的效
果，這也可看出蔣經國對台灣的影響。

蔣經國擔任總統後，以專業官僚如
孫運璿、俞國華等人主政。1980年，國
府鎖定電子及汽車，作為下一個產業發
展的目標，1980年開始設置的新竹科學
園區確實讓台灣的電子產業升級，台灣
成為以科技產業聞名的「綠色矽島」，
但汽車產業發展則不如理想。而竹科模
式也取代了加工區模式，在1990年代後
更陸續成立南科、中科，成為台灣工業

高雄大造船廠為十大建設興建最順利的工程，當時的行政院長蔣經國非常重視，圖為其南下巡視瞭解工程進度，董事長王先登陪伴在旁。
（台灣國際造船公司公關課提供）

的重心，影響至今。在產業的轉移上，雖然非蔣經國專長，但在專業官僚主導下，亦是井然有序，延續了「台灣奇蹟」。只是經濟上的成就，造出了一批中產階級，他們對當前社會、政治均感到不滿，由此掀起蔣經國主政後期的大改革。

政治問題的對應

蔣經國1972年擔任行政院長，一直到他1988年過世的這段期間，最大的考驗就是來自美國、中共的外交和解，以及島內黨外人士逐漸茁壯、企望組黨的民主化浪潮，蔣經國如何因應這兩方的難題，是其任內最重要課題。

美國的外交政策，在蔣經國上台後越來越明顯，就是尋求與中國的「關係正常化」，到了1979年1月1日，便正式與中共建交。當美國

這位老大哥的支持逐漸消失，蔣經國巧妙尋求對內支持：一方面透過增額選舉讓許多政治反對者有機會進入國會，二是在人事上重用台籍人士，抒解台籍人士對政治的不滿。

實際上，蔣經國在接位前，曾巧妙運用其「青年導師」身分，讓以《大學雜誌》為主的國民黨年輕知識分子，對台灣社會加以批判，加上1970年的保釣運動，更結合民族主義，加速知識分子對時政的批判，藉此砲轟對蔣經國不滿的黨國大老，於是在蔣經國時代的初期，出現了從1960年代以來少見的民主景象。但在1972年，蔣經國成功被提名為行政院院長後，開始對此一風潮加以管制，先是在《中央日報》以署名孤影的〈一個小市民的心聲〉批判這群知識分子，1973年更發生「台大哲學系事件」，改革派的台大哲學系老師陳鼓應、王曉波等遭到解職，此一風潮就此鎮壓下來，但也因此促使部分《大學雜

誌》的知識分子投身反對運動,使得反對運動日漸壯大,這恐怕是蔣經國所始料未及。

在蔣經國的政治革新方面,最為人所記憶,就是大量任用台籍菁英的「本土化」政策,司法院長、監察院長、台灣省主席、部會首長開始由台籍政治人物擔任,台籍青年才俊,如李登輝、邱創煥、林洋港、吳伯雄、連戰等人紛紛入閣,這種政策更被戲稱為「吹台青」(與當時紅歌星崔苔菁同音,意指「會吹牛的台籍青年」),但無可否認,這一政策確實讓對政治不開放的怒氣稍告抒解。除此之外,蔣經國展開下鄉、接近民眾,打擊貪污、整頓官場紀律、建立退休制度,建立其「親民、愛民、清廉」的形象,獲得許多民眾的支持。

在蔣經國一手開放、一手打壓,以及親民愛民的策略下,固然擁有極高的支持度,但隨著台灣經濟起飛,中產階級興起,要求落實民主的聲浪也非蔣經國一人能擋。

黨外要求解嚴、國會全面改選的訴求,漸漸獲得支持,黨外得票率逐步提高,1977年的中壢事件及1979年的美麗島事件可說是兩起關鍵事件。最後蔣經國決定打壓崛起的黨外,但1980年的選舉結果卻證明這個黨外崛起的趨勢無法抗衡。

除此之外,1983年後,被壓抑許久的台灣社會漸始爆發,隨著政治抗議活動的登場,各種社會運動如環保、農運、學運,甚至老兵的請願都陸續登場,象徵著台灣社會進入一個十字路口,該何去何從,是蔣經國亟需思考的問題。

但此時掌權的王昇,依舊以粗暴的方式回應,1980年美麗島受刑人林義雄家中發生滅門血案、1981年從美國返台的陳文成教授在台大離奇死亡,一般咸認為與情治系統脫不了干係。在此情形下,蔣經國在1983年以迅雷不及掩耳的速度將王昇外放至巴拉圭,仍無法擋住國民黨內部的問題,1984年國民黨情治系統在美國暗殺作家劉宜良(筆

BOX 6 **台灣歌仔戲** | *The Story of Taiwan*

　　台灣歌仔戲是緣起於宜蘭的一種民間戲曲。閩南的採茶曲、錦歌、車鼓弄等民間小調傳入台灣,結合本土生活語言和民歌說唱,並融入京戲、高甲戲、四平戲的元素,配合殼仔弦、大廣弦、月琴、台灣笛等主要伴奏樂器,輔以鑼鼓等打擊樂器,日漸發展成為內涵豐富的獨立戲種。初期常在空地演出,稱為「落地掃」或「野台戲」,更於1920年代傳入閩南地區,即今日「薌劇」。

名江南，故稱「江南案」），1985年又爆發「十信事件」，讓國民黨引以為傲的經濟奇蹟亮起紅燈。

內部問題連連，外在又有中國的攻勢。鄧小平上台後，改以柔性對付國民政府，1979年元旦美中建交後，中國呼籲兩岸間要「三通四流」，1981年更發表「葉九點」，以統一後台灣可成為自治區等為號召。對此，蔣經國雖以「三不政策」：不接觸、不談判、不妥協回應，但面對越來越凌厲的中國文宣戰，蔣經國亦須有所對策。

除了面對中國攻勢外，國內的黨外勢力也逐步逼近，1986年9月28日，黨外突然宣布成立「民主進步黨」。蔣經國對此明白表示將開放黨禁，並在1987年7月15日零時起解除長達三十八年的戒嚴令、

11月開放赴大陸探親，隔年元月開放報禁，而一直被病魔纏身的蔣經國，在其晚年用最後餘力完成這些改革開放後，於1988年1月13日病逝。

蔣經國的一生，從中國、蘇聯到台灣，一直面對挑戰、回應問題，而他人生的顛峰，是最後十六年在台灣擔任行政院長及總統，同樣也是碰到許多問題，諸如石油危機、中美斷交、黨外崛起。在他生命的終點，用了相當難得的毅力以解除戒嚴、開放黨禁、開放探親，打開了台灣的新時代，對於台灣的影響，深遠流長。

民進黨地方黨部

民主進步黨，簡稱民進黨，乃於1986年戒嚴時代結束前率先成立，其前身可追溯自戒嚴時期的黨外運動，如「美麗島事件」可說是黨外運動的高潮。（王正翰攝影）

6. 中壢事件、美麗島事件：民主運動的興起

蔣經國時代，執政黨面對的最大問題就是在經濟起飛後，國民所得增加，一般民眾不僅變得比較富裕，教育也較普及，許多民眾對於先進民主國家的自由、民主心生嚮往，對政府以戒嚴體制、《臨時條款》箝制憲法所賦予民眾選舉的權利，升高了不滿的聲調。整個蔣經國時代，就是如何面對民主浪潮的興起。

增額選舉與萬年國代

主導台灣政局的立法院、國民大會及監察院，因《臨時條款》的關係，成為不用改選的「萬年國代」，代表性一直受到質疑，且這些委員們隨著年歲凋零，逐漸有人過世，也形成國民黨的統治危機。1969年開始，國民政府首度舉行國大代表、立法委員的「增補選」。

1972年在蔣經國主導下，更在《臨時條款》中加入「增額選舉」，透過增額選舉增加台灣及海外華僑名額，使中央民代開始定期選舉，但這些改選的名額占總額並不多。

該制度一方面以「增額選舉」形式補充過世的老委員，另一方面又可讓大多數國民黨籍非改選議員繼續行使職權，因此不管每次選舉結果為何，國民黨在民意機構中的主導地位並不會受到影響。而該選舉實施區域也涵蓋所有統治區域，因此在形式上，「增額選舉」可聲稱是一種反映選民意願的「選舉」。國民黨若能在選戰中獲得壓倒性勝利，更能確立其統治的正當性。無論如何，「增額選舉」確實達到化解台灣人民對「萬年國代」不滿的目的，從此立法院也慢慢取代省議會，成為台灣的政治中心。

BOX 6 | **台灣新電影運動** | *The Story of Taiwan*

台灣文化在1980年代開始重拾本土的信心，當時的「台灣新電影運動」可作為代表。1980年開始，許多台灣新銳導演開始以本土作為素材，採用非職業演員、寫實手法拍攝，樹立一種新的電影風格，漸漸在國際影展得獎，提升大家對於本土文化的信心，尤其是侯孝賢1989年在威尼斯影展獲得首獎的《悲情城市》。但台灣新電影的作品票房一直不好，最後陷入「藝術」與「商業」的爭論，也讓本土電影再陷入低潮。

中壢事件與美麗島事件

蔣經國初掌大權時推行的「新政」，鞏固了他的政權與地位，但「本土化」、「增額選舉」與初期的大鳴大放，還有經濟奇蹟下興起的中產階級，讓冰封許久的政局出現變化。1969年、1972年增額選舉中，當時黨外※的政治明星黃信介與康寧祥脫穎而出，象徵新的政治時代來臨。

1970年代湧現的黨外反對運動，其主要參政方式就是辦雜誌、參與選舉。1975年從《大學雜誌》

※ 因為黨禁的關係，當時不能組黨，所以非國民黨籍的反對者當時被泛稱為黨外，但並不是非國民黨籍都反對國民黨。

退出的張俊宏，與康寧祥、黃信介合辦《台灣政論》，象徵著本土中產知識分子站出來向政府體制挑戰。比對起以往由外省知識分子主導的《自由中國》、《大學雜誌》，可見反對運動的論述主軸已經由以前的外省自由主義者，轉移至本土中產知識階級，省籍意識逐漸成形。

隨著每隔三年的增額立委、每隔六年的增額國民大會代表選舉，以及原有的縣市長、縣市議員選舉，台灣的黨外力量逐步擴大，而1977年的選舉是場關鍵。當年以縣市長為主的選舉，蔣經國有意拔除地方派系的勢力，替代自己新栽培的人馬，於是派出許多非派系

蓬萊島雜誌社——昔美麗島雜誌社社址

昔日「美麗島雜誌社」社址位於今高雄市中山路與大同路交叉口，而該建物現為「蓬萊島雜誌社」承租。

（上圖：王御風攝影，右圖：王正翰攝影）

中央公園

昔日高雄市的扶輪公園，即今日之中央公園，現已規劃得非常完善，是市民休閒遊憩之所。（王正翰攝影）

人員參選，引起具有實力的地方派系的反彈。結果在地方派系倒戈，以及反對運動實力日漸增強雙重影響下，使得反對運動在此次選舉大有斬獲，二十名縣市長當選二位縣長、二位市長，七十七位省議員中取得二十一席，五十一名台北市議員中獲得八席，創下空前佳績。

除此之外，競爭激烈的桃園縣長選舉，脫黨參選的省議員許信良對上國民黨提名人歐憲瑜，因許多選民懷疑國民黨作票，最後集結在中壢警察局激烈抗議，甚至放火燒警車；這是國府遷台後，首次對抗國府的街頭運動「中壢事件」，後來許信良成功當選桃園縣長。這

次的挫敗，讓蔣經國的政策大受打擊，手下開明派的大將李煥去職負責，轉為強硬派的王昇上台，也種下美麗島事件的伏筆。

1977年的成功後，「黨外」士氣大振，面對1978年底的中央民代增額選舉，更組成「台灣黨外人士助選團」全島串連，讓國民黨備感威脅，而1978年的二次石油危機及1978年底美國宣布將與中國建交，更是衝擊國民黨的「經濟奇蹟」、「美援」兩張王牌，在內外交迫

下，使得蔣經國宣布中止選舉，讓國民黨與黨外的緊張關係拉到緊繃。

1979年1月，高雄縣前縣長余登發因匪諜案被捕，引發黨外在橋頭示威抗議，而政府對此並不讓步，更進一步宣布參加橋頭示威的桃園縣長許信良因之停職。黨外人士則開始籌辦《美麗島》雜誌，希望藉由這個「沒有黨名的黨」對抗國府，發行後不但銷售量奇佳，更在各地廣設服務處，大有衝破黨禁之態勢，兩方一觸即發。

1979年12月10日，當天是人權紀念日，美麗島雜誌社高雄服務處決定在當天舉辦一場「人權座談會」。其以台灣人權委員會名義於兩週前申請，地點原定在室內體育場，但遭駁回，二度申請在大統百貨公司對面之扶輪公園（今日為中央公園，見前頁圖）舉行，再遭駁回。在這段期間，黨外與國民黨的互動模式，往往是黨外申請活動時，國民黨執意不准，但等到黨外執意舉行時，國民黨又被迫同意，美麗島雜誌社也循此慣例，決定照常舉行。

但在大會舉行前一天（12月9日），黨外人士宣傳車經過鼓山分局時，兩名義工姚國建、邱勝雄被逮捕並遭毆打，引起黨外人士群聚抗議，為第二天的座談會增添緊張氣氛。12月10日晚上六點的遊行

施明德微笑受審

當年美麗島大審（又稱高雄事件）的受審者，包括施明德、黃信介、陳菊、張俊宏、姚嘉文、呂秀蓮等人，均成為日後民進黨活動的要角。（新台灣研究文教基金會提供）

張俊宏　黃信介　　　陳菊　姚嘉文　　　施明德　呂秀蓮

高雄市各界敬悼蔣故總統經國先生追思大會

台灣歷任領導人之中，蔣經國先生對於台灣的經濟與建設發展影響深遠，亦受到許多民眾愛戴。蔣經國逝世於1988年1月13日，照片中為高雄市中正技擊館所舉行的蔣故總統經國先生追思大會，民眾排隊一一向其致意的情景。（高雄市立歷史博物館提供）

開始後，兩方人馬就發生衝突，警方更出動鎮暴警察，到了晚上八點半，雙方演變成大規模的衝突，直到午夜才散去，軍警及民眾均多人受傷。12月12日，警備總部下令逮捕美麗島事件相關人員，黨外人士幾乎全數被捕入獄，史稱「美麗島事件」。

新社會的誕生與解除戒嚴

　　1979年的美麗島事件，政府並未獲得預期的效果，在國際壓力下，美麗島的軍法大審被迫公開，讓許多人瞭解這些「叛亂犯」的想法與政府的宣傳其實不同，而美麗島的中堅分子，如施明德、呂秀蓮、陳菊、姚嘉文等人雖然都入獄，但其家人（如姚嘉文妻周清玉）及辯護律師團（如陳水扁、謝長廷）都在1980年及隔年的選舉中延續黨外香火，使得黨外運動非但沒告中止，反而戰鬥力更強，以被

稱為「新生代」的年輕世代擔綱。

　　1982年9月28日，黨外人士透過「台灣前途住民自決」的口號，強化其「台灣民族主義」的意涵，也使黨外以此為論述整合。1983年9月，負責黨外雜誌編輯的新生代，組成「黨外編輯作家聯誼會」（編聯會），同年底黨外議員也組成了「黨外公共政策研究會」（公政會），這代表了黨外的兩條路線。在1985年的選舉中，雙方合作共組「1985年選舉中央後援會」，並在選舉中大獲全勝，於是公政會決定在其下成立各地分會，向組黨邁進。

1986年4月，國民政府成立「政治革新小組」，開始與黨外溝通，在7月初，公政會與編聯會分別決定組黨，但後來決定合併。1986年9月28日，為了年底選舉，黨外在圓山飯店為年底選舉召開提名大會，會中突然宣布成立「民主進步黨」，蔣經國對此並未採取如同1979年的鎮壓，反而在10月接受《華盛頓郵報》專訪時，明白表示將開放黨禁。1987年7月15日，長達三十八年的戒嚴令解除，台灣政治從此邁向一個新的境界。

高捷美麗島站

美麗島站為高雄捷運紅線、橘線交會的捷運車站，站名即以1979年12月10日在此地爆發、震驚台灣社會和影響民主運動發展的美麗島事件為名。該站出入口是由日本高松伸建築師以「祈禱」之主題勾勒出捷運之心的整體概念，祈福高雄未來之遠景。下圖為站內之藝術天棚。（上圖：王正翰攝影，下圖：三月雪攝影，右頁圖：王正翰攝影）

參考書目

藍博洲，《幌馬車之歌》（台北：時報，1991年）。

藍博洲，《白色恐怖》（台北：揚智，1993年）。

林博文，《1949：石破天驚的一年》（台北：時報，2009年）。

高隸民著，艾思明譯，《台灣奇蹟》（台北：洞察，1987年）。

劉進慶著，王宏仁、林繼文、李明峻譯，《台灣戰後經濟分析》（台北：人間，1995年）。

劉進慶、涂照彥、隅谷三喜男著，雷慧英、吳偉建、耿景華譯，《台灣之經濟——典型NIES之成就與問題》（台北：人間，1995年）。

若林正丈著，賴香吟譯，《蔣經國與李登輝》（台北：遠流，1998年）。

茅家琦，《蔣經國的一生和他的思想演變》（台北：商務，2003年）。

黃富三，《美麗島事件》（南投：台灣省文獻會，2001年）。

王振寰，〈台灣的政治轉型與反對運動〉，《台灣社會研究季刊》第二卷第一期。

第九篇

解嚴之後
台灣式的快轉變革

1. 第一位台灣總統：李登輝

1988年1月13日，蔣經國逝世，副總統李登輝依據《憲法》就任中華民國總統，成為第一位台灣籍的中華民國總統。面對蔣經國生前開啟的時代大門：開放黨禁、解嚴、開放探親，很少人認為這位在蔣經國生前畢恭畢敬的副總統，能夠成為這個變動時代的領袖。因為李登輝是學者出身，又無班底，與國民黨「二重結構」中的外省統治階層素無淵源，甚至連蔣經國為何在1984年提名他作為副總統都眾說紛紜，當時一般人都認為他僅是過渡暫代，卻不料其最後在位十二年，主導了台灣政治的民主化，將台灣從威權政體徹底轉型成為民主政黨體制。

與非主流的鬥爭

李登輝上台後，面對內有「黨國體制」的外省官僚系統，外有因解嚴後能量釋放的社會運動，處境相當危險。而他卻能夠把握住其中的矛盾情結，採用分化聯合、援引外力的方式，聯合次要對手，制衡主要對手，同時借用反對勢力對其台籍總統的「李登輝情結」，反向黨內施壓，不論是三月學運、中共的飛彈危機，都在他的巧妙運用下，反變成獲勝的籌碼。

李登輝

李登輝（圖中穿白衫、戴眼鏡者）為第一位台籍中華民國總統，於十二年的任期內，積極推動各項政治、經濟改革，對於台灣徹底轉型為民主政治體制有莫大貢獻。（王御風攝影）

　　從1988年李登輝意外接任總統開始，直到1996年當選首屆民選總統（也是其第二任總統），才可說是穩定地鞏固其權力地位。在這當中，他與外省籍為主的國民黨內部政治團體的鬥爭，幾乎是年年上演，一般將其稱之為「主流」與「非主流」的對決。由於李登輝掌有國家機器，因此被稱為「主流」，而反對他的團體，被稱為「非主流」，最後結果則是「主流」獲得勝利，「非主流」部分被迫出走，先後成立「新黨」與「親民黨」。

　　上述1988年至1996年間「主流」與「非主流」的對抗，以底下的簡表略示：

李登輝的崛起經過1988~1996

時間	政治事件	崛起特徵	政爭結果
1988.1	蔣經國去世	繼任總統、代理主席	
1988.7	國民黨十三全會	繼任黨主席、聯合李煥	官邸派、元老失勢
1989.5	俞國華下台、李煥組閣、宋楚瑜繼任祕書長	掌握黨權	俞、李之爭
1989.12	三項公職選舉	選舉提名權	選後關中辭組工會
1990.2	提名李元簇為副總統、勸退林洋港		起立派（主流）vs 票選派（非主流）
1990.6	李煥下台、郝柏村組閣	掌握軍權、聯合郝柏村	李煥失勢
1992.3	國民黨十三屆三中全會	總統直選闖關未過	直選vs委選派僵持
1993.2	郝柏村下台、連戰組閣	政權全面本土化	選後郝柏村失勢
1993.8	新黨成立		國民黨正式分裂
1993.8	國民黨十四全會	黨代表絕對優勢	非主流派重挫
1993.12	確定總統直選	向總統制傾斜	
1995.8	國民黨總統候選人	獲黨代表91.2%選票	陳履安退黨參選、林洋港參選撤銷黨籍
1996.3	首屆總統直選	獲54%過半選票	

資料來源：郭正亮，〈李登輝現象：民主轉型與政治領導〉，《民主‧轉型？台灣現象》（台北：桂冠，1998年初版），頁115-116。

從上表可瞭解，李登輝在黨內運用「分化聯合」的戰略，鞏固自身權力。第一次聯合李煥，度過剛上台時無法真除黨主席的窘境，後又用「行政院長」之位，讓李煥交出黨部的位子，後又同樣以「行政院長」之位，聯合郝柏村，獲得郝柏村的軍權，不但造成「非主流」的分裂，也使李登輝逐步取得黨、政、軍的權力，能夠與「非主流」一決高下，獲得最後勝利。

在李登輝與「非主流」對決的過程中，由於「非主流」多半掌握前述所提二重侍從體制中外省菁英的部分，李登輝除了少數如宋楚瑜擁護外，得不到外省族群的支援。於是李登輝打破二重體制中不讓台籍地方派系到中央的規範，大量拔擢原來被稱為「地方派系」的台籍政治菁英，讓國民黨允許「地方派系」在地方的與財團關係密切等檯面化，此即一般人所說的「黑金」政治，這也是李登輝獲勝所帶來的後遺症。

憲政改革的成果

李登輝時代所要面對的，除了政治上的「主流、非主流」對決外，解嚴後憲政問題也是相當重要。解嚴後，「臨時條款體制」已不符合民眾需要，但如回歸憲法，卻要面臨《憲法》本身的問題。首先國會遲遲未改選，造成合法化的疑慮。其次是《中華民國憲法》制訂之初，是以三十五個行省、二個地方、一個特別行政區作為其施行範圍，但在現實上如今僅剩下「台、澎、金、馬」地區，原先設計在台灣是否合身，不無疑問。

而新崛起的民進黨，也因為在未改選的國會中，無法發揮其應有的能量，遂結合社會各界對於國會未能改革的不滿，走上街頭，以體制外抗爭，要求「國會全面改選、終止動員戡亂時期、廢除《臨時條款》」。最後在1990年3月，國民大會「主流、非主流」為總統大選對決時，爆發著名的「三月學運」，台灣各大學的學生在中正紀

台灣史小百科

第四台與地下電台

戒嚴時期傳播媒體由政府管制，報紙、電視台、電台均有嚴格規定，解嚴前後，許多改革者以媒體為工具挑戰體制，電視媒體有突破無線電視三台的「第四台」，電台則有許多「地下電台」，其言論多半以反對當時執政者為主。後報禁解除、有線電視也逐步合法，地下電台雖有許多取得證照，但仍有不少未獲證照，常衍生蓋台等問題。

念堂廣場靜坐抗議，迫使總統李登輝承諾將召開「國是會議」。

在國是會議中，李登輝利用民進黨與民意的壓力，達成憲改的共識，在1990年底開始，展開一連串的修憲工程，陸續廢止《動員戡亂時期臨時條款》、制訂《地方自治法》，讓省長、直轄市得以民選、總統任期改為四年並以直選方式完成、監察委員改由總統提名，與現今中華民國範圍多半重疊的台灣省也被「精省」，接著廢除國民大會，讓台灣的憲政體制漸漸符合西方式的「自由民主憲政」，可說是此時期最大的成就。

台灣史小百科

三月學運

發生於1990年3月的三月學運，是台灣最著名的學生運動，後來學生們以野百合為此運動的象徵，故又被稱為「野百合學運」。該次學運主要為全國各地大學的學生不滿總統是由長年未改選之國民大會代表所選舉產生，於國民大會召開時，群聚於中正紀念堂靜坐抗議，以「解散國民大會」、「廢除臨時條款」、「召開國是會議」、「政經改革時間表」作為訴求，也獲得全國民眾的支持。此次學運最後在總統李登輝召見學生、承諾召開「國是會議」下結束。比起1989年6月發生在北京學運，以坦克車鎮壓收場的「六四天安門事件」，三月學運可說是相當平和的收場，李登輝更利用該承諾結束「萬年國會」，開創台灣民主的新時代。

群眾抗議畫面

自解嚴之後，人民的抗議活動頻繁，時常可見大批民眾上街遊行示威，表達民聲。
（王御風攝影）

李登輝時代的修憲成果

會議名稱	修憲議題	會議時間	修憲結果
第一次修憲（第一屆國民大會第二次臨時會）	主要議題： 1. 國會代表性危機的解決 其他議題： 2. 兩岸關係法案 3. 國安會等的地位	1991.4.8～4.22	通過十條憲法增修條文，並廢止《動員戡亂時期臨時條款》： 1. 賦予國會全面改選的法源。 2. 應制頒兩岸關係的法案。 3. 應制頒國安會、國安局、人事行政局等機關的組織法。
第二次修憲（第二屆國民大會第一次臨時會）	主要議題： 1. 總統任期的變更 2. 總統選舉方式 3. 地方自治法源 其他議題： 4. 國大職權的變更 5. 司法、考試、監察三院成員遴選方式	1992.3.20～5.27	通過八條增修條文： 1. 總統任期：一任四年，得連任一次。 2. 總統選舉方式：由中華民國自由地區全體人民選舉之。（方式未定） 3. 賦予地方自治法源：台灣省政府改置省長，由省民選舉之；直轄市長民選。 4. 召開國大年會，聽取總統國情報告，提供國是建言；第三屆任期改為四年。 5. 司法、考試正副院長和大法官、考試及監察委員由總統提名，國民大會同意。
第三次修憲（第二屆國民大會第四次臨時會）	主要議題： 1. 總統選舉方式 2. 行政院長副署權 其他議題： 3. 國大職權的變更	1994.5.2～7.29	通過前二階段十八條增修條文整理與修正為十條： 1. 總統直接民選，採相對多數決。 2. 縮小行政院長副署權。 3. 增設國大議長、副議長，定期集會。

會議名稱	修憲議題	會議時間	修憲結果
第四次修憲（第三屆國民大會第二次會議）	主要議題： 1. 中央政府體制的調整 2. 總統選舉方式 3. 省自治問題 其他議題： 4. 公投入憲 5. 凍結國大代表、鄉鎮市長選舉 6. 教科文預算下限及大法官任期	1997.7.18	修正相關條文： 1.「雙首長制」的確立（取消立法院閣揆同意權、增加立法院倒閣權、總統可解散立法院、立院席次增加為225席、取消會期外不逮捕特權）。 2. 總統選舉方法無結論。 3. 省虛級化（凍結省級選舉）。 4. 無結論。 5. 無結論。 6. 取消教科文預算下限；大法官任期縮為八年，不得連任。
第五次修憲（第三屆國民大會第四次會議）	主要議題： 1. 國大延任及選舉問題 其他議題： 2. 立委任期問題 3. 其他	1999.9.3	修訂相關條文： 1. 第三屆國大延任至2000年6月30日；自第四屆改為政黨比例代表制，依立委選舉票數選出。 2. 第四屆立委延任至2000年6月30日；自第五屆起任期改為四年。 3. 國大婦女保障名額。
第六次修憲（第三屆國民大會第五次會議）	主要議題： 1. 廢除國大案 2. 國會調整職權 其他議題： 3. 總統提國情報告 4. 大法官待遇	2000.4.8 ～4.24	修訂相關條文： 1. 國大虛級化，改依比例代表選出。 2. 國民大會三權移轉立法院。 3. 總統改向立法院提國情報告。 4. 取消大法官終身優遇。

資料來源：陳世宏，《李登輝先生與台灣民主化》（台北：玉山社，2004年第一版），頁60-61、67-68。

台灣史小百科

全民健保

　　1995年開始實施的全民健康保險
制度,一般簡稱為「全民健保」。健
保制度將台灣民眾全納入保險制度,
民眾每個月只要繳交固定的金額,就
可享有醫療保險,對於重症或慢性病
患,減輕了許多負擔,不僅獲得民眾支
持,更被許多國外專家讚許。

省議會(台中縣霧峰鄉)

1998年,中華民國政府為了解決中央與地
方行政區的過度重疊而通過了將省虛級化
(精省)的方案。自精省後,台灣省議會
便失去監督省府之功能,有鑑於此,台中
縣政府便將台灣省議會開闢為紀念園區。
(王御風攝影)

兩岸的開啟與關閉

　　除了政治與憲改外,李登輝時
代另一個戲劇性發展的是「兩岸關
係」,海峽兩岸從首次談判到兵戎
相見的「導彈危機」,都是在李登
輝任內,也使得兩岸問題成為後繼
者最需面對的重要問題之一。

　　1949年,當戰敗的中國國民黨
撤退至台灣後,中國共產黨無力渡
台,於是兩者在海峽兩岸各成立政
權——中國國民黨延續其在大陸的
中華民國,而中國共產黨另成立中
華人民共和國,雙方對峙至今。

　　但兩岸之間問題絕不僅止與
兩岸政權、人民有關,實際上,兩
岸問題從一開始就是國際性問題,
要在國際關係的架構下才能釐清,
特別是中、美、台三邊關係。1950
年,當中共積極準備攻台時,因為
韓戰的爆發,使得美軍強行介入,
第七艦隊駛入台灣海峽協防台灣,
至此,台灣與中國大陸分別被劃入
美、蘇兩大強權的區域中;台海兩
岸的對峙,從某個角度來說,就是
美、蘇的對峙,中、美、台三邊的
關係,隨之呈現相對的穩定。

　　但中、蘇在1960年代關係惡化
後,美國開始思考與中共的戰略關
係,1972年的《上海公報》,美、
中開始尋求正常化,中、美、台三
邊關係漸出現變化。1979年初中美
正式建交,中國與美國關係由敵轉

友，同時中共更揚棄以往只強調武力的政策，開始提出「葉九點」、「一國兩制」，台灣只能被迫提出「三不政策」，且在蔣經國任期最後一年（1987年）開放探親，兩岸至此進入交流階段。

1988年李登輝上台後，加速與中國交流，1993年兩岸更在新加坡舉行多年來第一次的會談「辜汪會談」，一時之間似乎朝向統一之路，但實際上，李登輝所推動對中共的外交是「務實外交」，也就是承認「一中一台」的政治現實，這不僅對主張「一個中國」的中共是莫大挑戰，也引起國民黨內部的紛爭，兩岸關係急速惡化，1996年李登輝競選首屆民選總統時，中共發射飛彈封鎖高雄、基隆港，而認為「維持現狀」最符合其利益的美國派遣小鷹號再度進駐台灣海峽才化

解危機。（詳見下節）

至此，兩岸關係已不復李登輝執政初期的平和，美中台關係已成為「恐怖平衡」，隨時隨地都會發生危機。1999年李登輝宣布「兩國論」，正式揚棄「一個中國」，也埋下陳水扁時代爭議不斷的兩岸問題。

李登輝在2000年卸任時，國民黨首次在總統大選中落敗，國民黨把敗罪原因歸咎於他，將其趕出國民黨，李登輝後來則籌組「台灣團結聯盟」，立場為其總統任內所不願明示的台灣獨立，但隨著「台灣團結聯盟」得票數逐漸縮小，李登輝的影響力逐步式微，並於2020年7月過世，但李登輝在其總統任內所完成的台灣民主化，是他對於台灣的最大影響。

江丙坤

繼1993年的辜汪會談之後，台灣海基會董事長江丙坤（左立者）和中國大陸海協會會長陳雲林於2008年6月在北京舉行第一次「江陳會」，簽定兩項「兩岸包機」、「陸客來台觀光」協議，開啟兩岸間制度化溝通。（王御風攝影）

2. 飛彈下的總統：第一次總統民選

中華民國總統選舉，原依據《憲法》規定，由國民大會代表間接選出，但政府播遷來台後，為因應領土廣大所設計之間接選舉條件已不復存在。1991年開啟之修憲，許多團體要求總統選舉方式改為「直接選舉」；幾經討論，於1994年，國民大會通過《憲法增修條文》第二條第一項，正式確立總統直接民選，將由1996年第九任總統選舉時實施。

1996年3月所舉行之中華民國第九任總統選舉，為第一次實施「公民直選」之總統選舉，有其歷史性的意義。本次選舉共有四組人馬參選，依籤號順序為1號無黨籍的陳履安、王清峰，2號中國國民黨提名的李登輝、連戰，3號民主進步黨提名的彭明敏、謝長廷，4號無黨籍的林洋港、郝柏村，競爭相當激烈。

此四組候選人，除兩大政黨中國國民黨及民主進步黨分別推出候選人角逐外，尚有自行連署參選的林洋港、郝柏村及陳履安、王清峰兩組候選人，林洋港、郝柏村、陳履安皆出自中國國民黨，陳履安宣布參選後隔天退出中國國民黨，林洋港、郝柏村則於1995年年底遭國民黨中常會開除黨籍。此後的總統選舉，除國民黨、民進黨兩大傳統政黨每次均有參選外，與兩大黨關係密切者脫黨參選，也不在少數。

此次選舉不僅全國注目，中共更在選舉期間發動一連串演習，試圖影響選情。1996年3月8日，中共連續發射3顆飛彈對準基隆、高雄外海，最後更在投票日前後，3月18日至25日在福建平潭島進行三軍聯合演習，一連串的軍事動作，震驚國內，更引起全球注目，除我三軍進行戒備外，美國更派遣航空母艦巡弋臺灣海峽。在此緊張狀態下，臺灣仍能平和完成首次全民直選總統的歷史性大選，實屬不易，而中共的武力恫嚇，反而讓其不喜歡的李登輝佔到便宜，李登輝以壓倒性大勝，奠定其絕對的權力，日後每次總統大選前，中共的一舉一動，也成為影響當屆選舉結果的關鍵因素之一。

競選活動　台灣的選舉現象十分熱烈，每當選舉投票日將近，競選團隊即策劃各種吸票方式，各式選戰活動也緊鑼密鼓地進行。（均為王御風攝影）

3. 解嚴之後：台灣社會的快速變動

1987年7月，台灣宣布解嚴，至今（2024年）已接近40年。台灣在這期間歷經了從頭到尾的改變，今日的台灣，與解嚴前的台灣，可說是兩個世界。

在政治方面，前面已提到解嚴後的變化，從總統到各級民意代表，通通都是由人民一票一票選出來，台灣民眾享受前所未有的民主生活，加上兩次的政黨輪替，使得台灣民眾可以自由表達對政治的意見，甚至痛罵總統及執政黨，但因對峙氣氛仍相當濃厚，社會上多半仍是「非藍即綠」，在媒體上不是大罵總統，就是大罵反對黨，缺乏中間理性的辯論空間。

隨著解嚴而解除禁令的媒體，更讓台灣進入一個全新的媒體時代。報禁開放後，報紙從原來的三大張，一口氣增加到十多張，內容也包羅萬象，但更讓台灣民眾目不暇給的是有線電視，俗稱「第四台」的有線電視，讓以往只能看三

第四台有線電視（慶聯有線電視公司）

解嚴時期結束後，台灣的媒體從此進入一個全新時代，以往只能觀看三台的民眾，現在則有有線電視提供上百個頻道選擇。照片中為地方有線電視台公司。（孫瑩萱攝影）

台的台灣觀眾，一口氣可以看到一百多個的頻道，從旅遊、宗教、政治、股票…可說是應有盡有。

但在網路興起後，臺灣蓬勃的媒體，也一如全球其他地區，被網路「新媒體」所顛覆。臉書（Facebook）等社群網站取代了報紙、電視，成為民眾知識的來源。手機的普及與功能強化，讓看手機比看電視更普及，不管是觀看球賽、連續劇，手機都比起電視方便，「滑手機」幾乎成為每人每天最重要的事。新科技的影響，更徹底改變了每個人的生活作息。

民眾的休閒活動中，與以往更大的不同是出國旅遊。解嚴前出國需經層層審核的情形，解嚴後不復如此，更重要的是，解嚴沒多久就隨著蘇聯的解體，冷戰宣告結束，開啟全球化，加上後續兩岸的直航，以往無緣親近的中國大陸及共產國家，也成了國人旅遊度假的景點之一。後更隨著廉價航空一一成立，來到臺灣的旅客，以及走出國門的臺灣人大幅成長，觀光業成為臺灣重要的產業之一，機

《蘋果日報》

《蘋果日報》之報導風格乃以圖片為主、文字為輔，且全彩印刷，並常以大版面之圖或照片置於頭版，吸引台灣特定族群的讀者，也成為目前台灣具有影響力的報紙之一，打破了以往三大報的主導時代。（孫瑩萱攝影）

BOX ⑤ 九二一大地震 *The Story of Taiwan*

九二一大地震是台灣百年來規模最廣、震度最強的地震，在此之前，中部地區受害慘重的是發生在1935年4月21日清晨的墩仔腳大地震。1999年9月21日凌晨一點四十七分，在一陣轟隆地鳴之後，隨即而來長達102秒的強烈天搖地動，驚醒台灣全島的居民。因此次震央位在南投縣集集鎮，故又稱集集大地震，中部地區車籠埔斷層經過地區災情相當嚴重，在地表形成長達八十公里的隆起破裂帶。北中南各地大廈建築和傳統土角厝均不敵此次震災威脅，罹難者人數達二千四百餘名，成為台灣島至今難以磨滅的傷痛記憶。

場塞滿出國人潮，更成為每逢連續假期必定出現的景象。

另一個脫胎換骨是教育，以往高中以下學生，男生一律三分頭、女生一律西瓜皮的現象，在髮禁開放後完全消失，所有的女學生都可以長髮披肩在校園走動。以往錄取率只有百分之二、三十的大學，在大專院校開放下，成了人人可讀，也使得大專院校不再是擠破頭的窄門，許多大學面臨倒閉的危機，入學方式也從以往以聯考一試定終身，變成多種管道的「多元入學」，這種現象，若講給解嚴前拚命苦讀、準備聯考的學生聽，鐵定是百思不解。

解嚴後台灣社會轉變速度的飛快，讓台灣與解嚴前幾乎是兩個世界，台灣也演變成有史以來最自由、民主的社會，但也因調適，而造成許多混亂，一種新的台灣社會，正在逐步形成中。

多元化、步調變快的台灣街景

自解嚴且解除黨禁、報禁以來，開放的風氣帶動了台灣二十多年來快速的轉變。社會價值觀更趨多元，國際交流往來頻繁，街頭景象也日漸繽紛多采。（三月雪攝影）

參考書目

陳世宏，《李登輝先生與台灣民主化》（台北：玉山社，2004年）。

若林正丈著，賴香吟譯，《蔣經國與李登輝》（台北：遠流，1998年）。

王泰升，〈自由民主憲政在台灣的實現〉，《台灣史研究》第十一卷第一期，2004年6月，頁167-224。

郭正亮，〈李登輝現象：民主轉型與政治領導〉，《民主‧轉型？台灣現象》（台北：桂冠，1998年初版）。

第十篇

新世紀的台灣 (2000-2024)

1. 藍天與綠地：政黨輪替下的台灣政治

進入21世紀，台灣在民主政治上有極大發展，六次的總統大選（2000、2008、2012、2016、2020、2024年）中，共出現三次政黨輪替，分別是2000年民進黨陳水扁總統、2008年國民黨馬英九總統及2016年民進黨蔡英文總統的當選。三次政權的和平轉移，也證明台灣民主發展漸趨成熟。

新世紀的總統

2000年3月18日，在台灣的第二次總統直選中，國民黨候選人連戰輸給了民進黨候選人陳水扁，拱手將政權讓出，這是台灣首次中央政權的「政黨輪替」，國民黨在台灣55年的統治，稍做休止，直到2008年才由馬英九重新奪回總統寶座，2016年民進黨的蔡英文再度政黨輪替。這三位總統都順利連任並

執政八年，但接下來的同黨候選人都無法保持政權，直到2024年的民進黨賴清德，才順利接下同黨蔡英文的棒子，打破同一政黨僅能執政八年的魔咒。陳水扁畢業自台大法律系，美麗島事件後擔任辯護律師，從此走上政治一途，並於1994年當選台北市長，任內成績亮眼，1998年競選連任時卻落敗給馬英九，不料塞翁失馬、焉知非福，陳水扁因此參選總統，在驚濤駭浪中獲勝，成為首位反對黨挑戰成功的總統，但其卸任後，有關單位對於其任內貪污的傳言進行調查，並於2008年11月12日收押陳水扁，一審被判無期徒刑，民進黨的氣勢為之中挫，其也成為首位被判刑入獄的卸任總統，直到2015年1月才獲准

※ 國民黨、親民黨、新黨，一般稱之為「泛藍」；相對的，民進黨、台灣團結聯盟，通稱為「泛綠」。

公民直選後歷任中華民國總統（1996-2024）

任期	姓名	黨籍	時間	備註
7-9	李登輝	中國國民黨	1988.1.13-2000.5.20	1.原為第七任副總統，因總統蔣經國於1988年1月13日過世而繼任。 2.第八任總統為國民大會選舉，非公民直選。
10-11	陳水扁	民主進步黨	2000.5.20-2008.5.20	首次政黨輪替
12-13	馬英九	中國國民黨	2008.5.20-2016.5.20	
14-15	蔡英文	民主進步黨	2016.5.20-2024.5.20	首位女性總統
16-	賴清德	民主進步黨	2024.5.20-	

製表：王御風

陳水扁

陳水扁（右三）於西元2000年當選第十任中華民國總統，是台灣第一次和平的「政黨輪替」，也是台灣政治史上首度由民進黨執政。（涂建豐攝影）

保外就醫。

馬英九為哈佛大學法學博士，由蔣經國的英文秘書做起，因此常以蔣經國為師，歷任行政院研考會主委、國民大會代表、法務部長，1998年擊敗當時被看好的陳水扁，當選台北市長，失敗的陳水扁轉戰2000年總統大選並當選，也使馬英九成為國民黨最重要的政治人物，並在2008年總統大選，如同陳水扁，由台北市長直接進入總統府。

蔡英文為英國倫敦政治經濟學院法學博士，曾任教於政治大學，2000年曾任行政院大陸委員會主任委員，2004年加入民主進步黨，2005年成為民進黨不分區立法委員，2006年擔任行政院副院長。2008年民進黨總統大選失敗、群龍無首時，接任民進黨主席，將民進黨帶出谷底，並在2016年贏得總統大選，成為台灣首位女性總統。

賴清德為台大復健醫學系學士、哈佛大學公共衛生碩士，曾任成大醫院及新樓醫院醫生，進入政

馬英九

馬英九（左一）當選中華民國第十二任總統，實現台灣實行總統直選後第二次的政黨輪替。（涂建豐攝影）

壇後多次當選國民大會代表及立法委員，2010年當選台南市首任直轄市市長，任內表現亮眼，於2017年擔任行政院長，2020年與蔡英文搭擋競選，當選副總統，並於2024年更上一層樓，在總統大選中脫穎而出。

選舉制度變動與六都興起

除了總統，經過修憲後，新世紀的台灣選舉制度也有所改變，中央民代從原來的國民大會代表、監察委員、立法委員，縮減到僅立法委員需要民選，成為單一國會，並與2012年開始，與總統大選合併舉行，立法委員的重要性大幅提升，成為台灣的國會議員。

地方層級的縣市長、鄉鎮市長、鄉里長及各級議員等選舉也經過多次磨合後，同樣合併選舉，並巧妙與中央級選舉（總統、立委）分開，由於所有民代任期均為四年，遂成為每間隔兩年，就有一次中央或地方層級的選舉，如2024年是中央層級選舉（總統、立委），2026年就是地方層級選舉（縣市長及縣市議員等九項地方公職），也讓地方層級選舉，演變成類似執政黨的期中選舉（詳見下表）。

而在行政區域的部分，2010年將原來的台北、高雄兩直轄市，增加為台北、新北、台中、台南、高雄五市，其中僅台北市維持原來風貌，新北市是由原台北縣所升格，台中、台南、高雄則合併了原來的縣與市，成為新的直轄市，2014年又將桃園縣升格為桃園市，使得台灣成為六個直轄市的「六都」。由於歷任總統中，陳水扁、馬英九均曾擔任台北市長，賴清德也是首屆台南市直轄市長，因此直轄市長成為最受重視的「百里侯」，每次的地方層級選舉中，六都市長由誰當選，都成為矚目的焦點。

除了原有的行政區域選舉外，2004年也開始實施「公民投票法」，實施後雖造成許多紛爭，如公投應不應該與大選合併舉行，但公投法賦予了公民直接對重大議題表決的權力，彌補代議政治中不足的部分，如2021年的四大公投，引起社會的激烈討論，也讓台灣民主的運作更加多元。

21世紀台灣歷次選舉

時間	選舉項目	備註
2000.3.18	第10任總統副總統	民進黨陳水扁當選。
2001.12.1	第5屆立法委員 第14屆縣市長	
2002.1.26	鄉鎮縣轄市長 縣市議員	
2002.12.7	直轄市長市議員	
2004.3.20	第11任總統副總統選舉	
2004.12.11	第6屆立法委員選舉	
2005.5.14	任務型國大選舉	國大代表最後一次選舉
2005.12.3	縣市長縣市議員選舉 鄉鎮縣轄市長	
2006.12.9	直轄市長市議員選舉	
2008.1.12	第7屆立法委員選舉	
2008.3.22	第12任總統副總統選舉	
2009.12.5	縣市長縣市議員選舉 鄉鎮縣轄市長	
2010.6.12	鄉鎮市民代表選舉 縣市村里長選舉	
2010.11.27	直轄市長市議員里長選舉	
2012.1.14	第13任總統副總統選舉 第8屆立法委員選舉	首次舉辦總統、立委二合一選舉。
2014.11.29	直轄市長市議員選舉 縣市長縣市議員選舉 鄉鎮縣轄市長 鄉鎮市民代表 村里長選舉	首次舉辦直轄市長、直轄市議員、縣（市）長、縣（市）議員、鄉（鎮、市）長、鄉（鎮、市）民代表、直轄市山地原住民區長、直轄市山地原住民區民代表及村（里）長九合一選舉。

時間	選舉項目	備註
2016.1.16	第14任總統副總統選舉 第9屆立法委員選舉	
2018.11.24	直轄市長市議員選舉 縣市長縣市議員選舉 鄉鎮縣轄市長 鄉鎮市民代表 村里長	
2020.1.11	第15任總統副總統選舉 第10屆立法委員選舉	
2022.11.26	直轄市長市議員選舉 縣市長縣市議員選舉 鄉鎮縣轄市長 鄉鎮市民代表 村里長	
2024.1.13	第16任總統副總統選舉 第11屆立法委員選舉	

註1：除總統及立法委員，各地縣市長、議員、鄉鎮市長、市民代表、里長屆數均不相同，故不列出其屆數。

註2：本表不包含補選、罷免、公投。

製表：王御風 資料來源：中央選舉委員會

新世紀的台灣，在一次又一次選舉中，平穩的確認入主政府機關的首長，或是重大法案的通過與否，而不管是否同一政黨，也都能順利轉移政權。顯示台灣民眾已經習慣使用民主的方式決定下一步走向，國際間對於台灣的民主成就均給予高度肯定，也說明新世紀的台灣，是個民主相當成熟的社會。

中正紀念堂自由廣場匾額

陳水扁於其第二任總統任期內，推動「正名運動」與「去蔣化」，將中正紀念堂前「大中至正」匾額改為「自由廣場」，此作為曾一度引起爭議，也使得藍綠之間對抗越演越烈。（王御風攝影）

2. 全球化與中美對抗：中美台的三角關係

　　21世紀的國際變遷，以全球化及中美對抗最為重要，這都與中、美兩大強權有關，而台灣在地理位置上處於中美對抗最前線，是美國防堵中國的第一島鏈，並從冷戰開始，就是美國陣營的一員，深受美國影響；但中國與台灣之間有文化上的連結，且中國認為台灣屬於中國一省，不排除以武力完成統一。

使得新世紀的台灣，隨著中美之間的互動起伏，深受影響。

全球化下的興起與衰退

　　全球化與台灣經濟發展息息相關，台灣在1960年代的出口導向政策，除了台灣本身政策導引得宜外，也因為貨櫃在1956年開始運用

中國崛起

在貨櫃運輸盛行下，台灣、中國都成為世界代工廠，快速崛起。
（何彥廷攝影）

於海運，隨即席捲全球，導致運輸成本大幅下降，歐美工廠遂紛紛外移。台灣在1966年設立加工出口區、1969年打造第一座貨櫃碼頭，成為全球工廠的一環，也與香港、新加坡、南韓共同締造「亞洲四小龍」的經濟奇蹟。

歐美的全球化，除了利用貨櫃海運降低製造業成本外，也透過國際經貿組織消弭各國間的關稅，強化其本國企業的競爭力。在目前國際的經貿組織中，以世界貿易組織（World Trade Organization，簡稱WTO）最具代表性。其前身為「關稅暨貿易總協定」（General Agreement on Tariffs and Trade, GATT），1993年決議成立WTO，使GATT多年來扮演國際經貿論壇之角色正式取得法制化與國際組織的地位。WTO正式於1995年1月1日成立，台灣也於2002年 1月1日成為第144個會員。

此全球化過程，固然讓全球各地都能夠消弭關稅間的障礙，不管人在紐約、上海、台北、東京，都可以買到相同的產品，但也會讓本土企業不敵跨國公司。同時由於工廠已遠離歐美，使得歐美的工人階級及年輕人失業率激增，這都會使財富集中於跨國企業的少數菁英手中，讓貧富差距加大。於是反全球化的聲浪崛起，以民族主義為號召，高呼築起自己保護牆的領袖紛紛當選，2016年的英國脫歐及川普（Donald John Trump）當選美國總統，都是在此趨勢下的產物。

從中國崛起到中美對抗

在全球化過程中，以中國崛起速度最快。1978年中國改革開放後，開始學習台灣的「經濟特區」，吸引香港、台灣等資金前往投資，在亞洲四小龍工資上漲後，更成為全球各大品牌的「世界工廠」，短短30年內，就成為僅次於美國的全球第二大經濟體。

二戰後全球劃分為美、蘇兩大陣營，中國原與蘇聯處於同一陣線，後逐步發展自己路線，美國為了對抗蘇聯，也積極拉攏中國，並不惜與台灣斷交。在蘇聯解體，全球化興起後，中國成為美國各大品牌，如蘋果（Apple）的代工重鎮，美國也希望透過貿易的交流，改變中國的政治體質，這使得美國對於台灣在解嚴後與中國間的互動樂觀其成。但2012年，習近平接任中共中央總書記，不僅打破中共總書記十年輪替的潛規則，更築起

「強國夢」，在南海等議題上展現海上擴張的雄心，以「一帶一路」推廣在歐亞各國的影響力，科技產業上更是步步進逼，加上威權主義與軍事力量的大幅提昇，使得美國重新省思其對中政策，在川普總統任內開啟「美中貿易戰」，以半導體為主角，全面圍堵中國科技業發展。

西方對於中國印象的翻轉，也來自於中國對香港的管理。中國於1997年收回香港後，原允諾特首（香港特別行政區最高行政官員）日後可由全民普選，但在2014年收回承諾，引發抗議者佔領香港中環的「佔中運動」，數以萬計香港居民上街遊行，最後演變成與警方衝突的「雨傘革命」。2019年，港府擬修訂《逃犯條例》，可將犯人移送中國，再度引起香港居民不滿，演成百萬人上街頭遊行的「反送中運動」，此次警察強力鎮壓，甚至攻入香港中文大學、理工大學，平息反抗運動，中國並於2000年通過港區國安法，大量逮捕相關人士，異議人士紛紛流亡海外。香港為亞洲金融重鎮，外國重要企業及媒體均在此地駐點，這一連串事件，讓西方社會大為震驚，深刻理解中國難以接受民主，而西方想透過交流與貿易，讓中國逐步邁向民主社會的夢想也隨之破滅。

2019年底，中國武漢爆發新冠肺炎（或稱2019冠狀病毒，COVID-19），隨即席捲全球，各國也閉關自清，防止病毒進入，全球化被迫按下休止鍵，此時中美貿易戰已啟動，加上中國因應新冠肺炎的封城措施，讓許多外商無法接受而離開，原本的全球產業供應鏈因此開始重組。2022年2月底，俄羅斯入侵烏克蘭，爆發烏俄戰爭，西方各國進行對俄羅斯的制裁，僅中國、北韓等國支持俄羅斯，全世界也重回冷戰時期，形成歐美及中俄兩大集團對抗。在此情形下，身為中美對抗最前線的台灣，因為中國仍不放棄武力統一台灣，並經常性派遣戰機繞台，台灣成為全球最緊張的區域之一，備受全球矚目。

中美台三角關係下的台灣

21世紀是中美關係急遽變化的時期，雙方從原本合作到翻臉對抗，而夾在兩大國之間的台灣，自然也受到極大影響。

在中美台三角關係中，中國因素佔有重要地位。由於中國明確主張與台灣必須統一，因此選擇統一

兩岸直航

馬英九執政後，一改李登輝與陳水扁時代與中國敵對的態度，大幅與中國修好，於一年半內，兩岸重開海基、海協兩會的對談，並推動兩岸海、空運直航，大幅縮短了兩岸之間來往的航程。（均為陳威攝影）

或獨立對於台灣政黨相當重要，雖然台灣政黨都以「維持現狀」為答案，但在台灣兩大政黨中，中國國民黨偏向統一，而民主進步黨傾向獨立，與中國的交流，也是國民黨主政時較多，民進黨上台時就緊縮。

陳水扁總統2000年上台後，第一任雖曾以「四不一沒有」表明不會尋求台灣獨立，和緩兩岸關係，但後期推動的公投法、入聯公投，以及「正名運動」，將國營事業改名「台灣」等動作，讓中國深感有獨立意識蘊含其中，兩岸關係漸趨緊張，加上此時台商大舉西進，希望兩岸交流者佔多數，也讓馬英九在2008年率領國民黨重回總統府。

馬英九總統上任後，以1992年海基、海協兩會在香港會談的「九二共識」創造模糊空間，台灣強調「九二共識」是「　個中國、各自表述」，中國則認為是「一個中國」，在各自解讀下，兩岸展開大幅度的交流，重開海基、海協兩會的對談，並開放大三通，中國政府也開放觀光客來到台灣，成為1949年以來，兩岸關係最融洽的時刻。2010年6月29日兩岸簽訂《海峽兩岸經濟合作架構協議》（Economic Cooperation Framework Agreement，簡稱ECFA），雙邊領導人馬英九及習近平更於2015年11月7日在新加坡舉行歷史性的會面，此時期美國也以中國為全球化的重要工廠，對兩岸交流並不反對。

但兩岸的積極交流並沒有獲得台灣多數民眾支持，不僅在2014年發生因政府要強行通過兩岸服務貿易條例，而造成學生強行佔領立法院的「太陽花事件」，2016年也由不承認「九二共識」的蔡英文當

台灣史小百科

兩岸開通

解嚴後兩岸人民之間的互動快速，在1987年開放探親後，台灣民眾只要取得「台胞證」即可前往大陸地區，但大陸民眾在李登輝及陳水扁執政時期，並未獲准自由進出，僅能以學術交流等名義來台。

2008年馬英九當選總統後，當年6月兩岸簽訂週末包機及大陸來台協議，7月4日大陸觀光團首度來台，人數逐步攀升，成為觀光客來台最多的地區之一。兩岸包機從週末變成每日往返，2010年6月，台北松山機場亦與上海虹橋機場直飛，大陸人民來台更為便利，大陸觀光客已成為台灣街頭常出現的景象，也是戒嚴時期所無法想像的。

2016年大選，蔡英文勝出，民進黨重返執政。圖為當選之夜的慶祝晚會。（徐乙仁攝）

選總統，兩岸各種會談再度凍結，但此時中美貿易戰逐步開啟，美國轉而支持與中國保持距離的民進黨政府。2020年的總統大選，更因為前一年（2019年）的反送中事件，讓執政的民進黨蔡英文總統以破紀錄的高票當選連任，一掃2018年地方層級選舉大敗的陰霾，更進一步與美、日在科技產業上結盟，讓民進黨賴清德能夠在2024年總統大選中獲勝，創下台灣總統由公民直選後，首次由同一政黨三度連任的紀錄。

二十一世紀的國際局勢詭譎多變，尤其從2016年起，中美之間由合作轉為對抗，加上2019年底開始席捲全球的疫情、2022年的烏俄戰爭，都讓全球進入一個戰亂頻繁的時代，處於中美對抗最前線的台灣，要如何在兩大之間自處，牽動著台灣未來的命運。

3. 新觀念、新思維、新挑戰：極度變化的台灣產業及社會

21世紀，在全球化及新科技快速發展下，人類面臨一次巨大變動，網路、手機雖然改變了世界的思潮，但人類在宗教、社會、政治、貧富、世代所面臨的差異卻越形巨大。在台灣，土地、環境、勞工、性別、死刑、能源等議題更引發一波波的討論，更激起新一代的社會運動。但從2016年陸續登場的中美貿易戰及新冠疫情，讓台灣的社會及產業又進入另一個新的階段。

環境及能源爭議

環境及能源議題一直是解嚴後台灣的熱門議題，迄今仍是爭論不休。台灣多年來的經濟發展，多以犧牲環境來換取，解嚴前後的環保運動，可說是對此的初步覺醒。此後台灣的大型建設，通常會陷入經濟發展與環保的對抗，在邁入新世紀後，最著名是2010年的反國光石化運動，位於彰化的國光石化，原本預定是台灣第八座輕油煉解廠

（簡稱八輕）的預定地，輕油煉解廠是石化產業上游，可供應下游產業所需原料，將可使當地成為繼高雄、雲林麥寮後，第三個群聚的石化園區。當地居民及全台關心此案者在2010年11月在台北舉行大規模遊行，表達反對心聲，也迫使馬英九總統在2011年宣布不支持國光石化案，國光石化興建遂告中止。

除此之外，原本是石化產業最重要的中油高雄廠，在1990年興建五輕（第五座輕油煉解廠）時，允諾在營運25年後將終止，2015年年底，中油高雄廠也宣告關廠，原地在2021年由台積電宣布進駐，也象徵著台灣產業的變遷，由傳統的石化業轉成高科技產業。

中油高雄廠的關廠，與2014年因輸送石化產業原料丙烯的管線在高雄市區爆炸，造成32人死亡的「八一氣爆」事件有關。也跟台灣在秋冬季節，吹拂東北季風時，籠罩著PM2.5互有關連。PM2.5來自於固定污染源（工廠）、移動污染源（汽機車）及境外（中國），

近年來隨著中國因經濟發展導致PM2.5日趨嚴重，也讓台灣警覺此問題的嚴重性，也陸續展開反空污遊行，而2018年的台中市長選舉，台中的空氣污染問題更成為焦點，也讓挑戰的國民黨盧秀燕擊敗尋求連任的民進黨林佳龍，當選市長。

有趣的是，PM2.5中重要污染源為火力發電廠，但台灣對於不會引起空污的核能電廠也不存好感，尤其是2011年3月11日，鄰近的日本因大地震引起福島第一核電站的事故，讓人警覺到核電廠的不安全性，於是在2012年，由知名導演柯一正等人發起的「我是人、我反核」引起巨大迴響，這也使得2016年再次執政的民進黨政府，以綠能產業為施政主軸，並推廣太陽能、

火力發電廠

PM2.5議題，引起台灣民眾關注，火力發電廠也是污染排放來源之一。（何彥廷攝影）

廢核大遊行

核能議題在台灣也爭論不休，每年的廢核大遊行都有許多民眾參與。（徐乙仁攝影）

風力發電等綠色能源，但太陽能板架設在農地及魚塭上，也引起極大爭議，這也成為2022年縣市長選舉的一大討論主軸，也是執政的民進黨慘敗的原因之一。但在核電可能釀成核災、火力發電造成環境污染、綠能發展不成熟情形下，能源政策及環境問題成為不僅是台灣，更是全世界面臨的最大挑戰。

撼動政權的街頭抗議

新世紀的一連串街頭抗爭，尤其是前兩任總統陳水扁與馬英九的執政後期，更有許多直指政權的抗爭，也成為後來執政黨未能繼續執政的主因。

陳水扁尋求連任的2004年大選，被認為是史上競爭最激烈的總統大選之一。上屆（2000年）落選

街頭抗議

民進黨重新執政後，街頭抗議並未停止，華航
員工也上街為勞動權益抗爭。（奚修君攝影）

319槍擊案發生地點

三一九槍擊事件發生於2004年3月19日下午，
總統陳水扁和副總統呂秀蓮的競選車隊行經台
南市金華路三段時，遭遇槍擊。由於此事件發
生於該年總統選舉投票日的前一天，因此引起
巨大的政治爭議空間。（李嘉祥攝影）

的國民黨連戰與親民黨宋楚瑜，此次盡棄前嫌，攜手合作，直指總統寶座，陳水扁為因應，在爭吵中通過「公民投票法」，將總統大選與公投合併舉行，被反對陣營認為此舉是「公投綁大選」。

更大爭議則發生在選前一天，2004年3月19日，陳水扁及呂秀蓮副總統在台南市拜票時，被不明人士槍擊受傷，此為中華民國首次正副元首遭槍擊事件，時間又在大選前一日，所幸兩人無礙，隔天投票如期舉行。最後陳水扁、呂秀蓮以0.22%的極小差距贏得大選，這

個結果引起連宋陣營不滿，拒絕承認選舉結果，抗議人士佔領總統府前凱達格蘭大道，雙方心結更為加深。

繼凱達格蘭大道的抗爭後，2006年更由美麗島事件受難者，前民進黨主席施明德發起紅衫軍運動，發動數十萬群眾遊行抗議陳水扁。在此情形下，社會產生對立，也使得2007年立委選舉及2008年總統大選，國民黨均獲得大勝，在行政、立法「完全執政」，民進黨重回在野。

馬英九總統同樣在第二任總統任期內，產生許多爭議，先是因土地開發所引起的「士林文林苑」（2012年）、「苗栗大埔」（2013年）等以及士兵在軍中被虐死的「洪仲丘事件」（2013年），同樣引起許多民眾上街抗議。

2014年又因國民黨在立法院欲強行通過兩岸服務貿易條例，引起抗議學生不滿，於3月18日發生佔領立法院的「太陽花事件」，使得馬政府民意支持度直直下滑，同樣導致年底國民黨在縣市長大選慘敗，並於2016年的總統大選讓出執政權。

疫情與中美對抗下的產業發展

2019年的新冠疫情，對於全球及台灣社會都是極大考驗，台灣由於提早採取邊境管制，因應得宜，成為疫情期間，少數未曾封城的國家，也吸引全球目光。而疫情期間，由於各地港口均難以正常作業，不僅使得各項貨物運輸困難，導致船運飆漲，再加上中美貿易戰開打後，美國全面圍堵中國高科技產業，造成全球晶片荒，此時大家也發現，全球半導體最主要晶片代工廠是台灣的台積電，不僅各國紛紛希望台積電前往設廠，也讓台積電產能供不應求，積極擴廠，如前述高雄廠即為一例，更讓台灣「科技島」的名聲響遍全球。

台灣對於高科技產業的發展，起於1970年代，美國將半導體的加工製造，開始轉移到亞洲，如日本、韓國、馬來西亞、香港、台灣等地，也造成了日本在電子產業的崛起。台灣為了要能在這電子產業競爭中脫穎而出，先於1980年設立新竹科學園區，後來在1985年找了在美國半導體產業工作多年的張忠謀來台接任工業技術研究院院長，張忠謀則將他在美國未能實現的夢

太陽花事件抗議學生

太陽花學運的反服貿遊行。（徐乙仁攝影）

台灣史小百科

太陽花事件

　　2014年3月17日，爭議許久的《海峽兩岸服務貿易協議》，執政的國民黨以立法院多數優勢，以30秒完成審查，引起抗議者不滿，於18日晚在立法院外舉行「守護民主之夜」，後有學生佔領立法院議場表示抗議，立即湧入大批民眾在立法院外聚集支持，並多次與警方發生衝突。

　　此佔領行動因支持者送太陽花給學生加油，被稱為「太陽花學運」。學生直至4月10日晚上才撤離議場，此次成為當時一連串社運的代表，並導致執政的國民黨在2016年大選慘敗，而以學運參與者為主的新政黨「時代力量」也在2016大選中一躍而為第三大黨，對台灣政治、社會影響巨大。

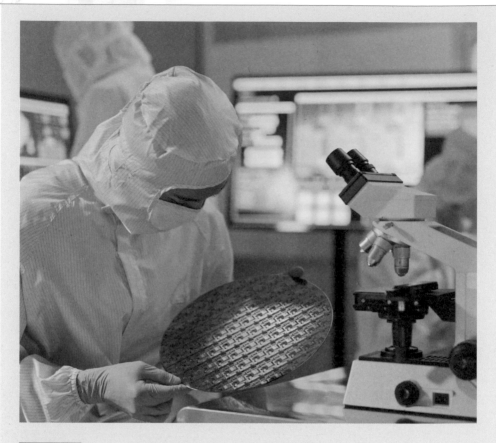

晶圓代工廠

台灣於1980年設立新竹科學園區，1985年時找了張忠謀來台接任工業技術研究院院長，張忠謀則將他在美國未能實現的夢想，成立一間以晶圓代工為主的公司帶來台灣。（圖片來源：shutterstock）

想，成立一間以晶圓代工為主的公司帶來台灣。

　　當時半導體產業並沒有專門代工的公司，因為半導體從設計到製造、測試，需要大量投資，如果能夠分工，將可使許多廠商專注於設計，不需要花大錢蓋晶圓廠，更快速發展。這個概念在政府協助募資下，1987年成立了台積電，經過30多年的奮鬥，成為全球最重要的晶圓代工廠，疫情期間更讓全球注意到它的重要性，這也使得台灣的

科學園區逐步擴張，除原來的竹科外，陸續成立中科、南科，以及上述的高雄等園區，各縣市均歡迎科技園區的到來，但科技園區的快速擴張會帶來什麼影響，也值得注意。

除此之外，台灣原本在海運界就擁有不錯的體質，長榮、陽明、萬海三大貨櫃航商長期在世界二十強內，疫情期間的一櫃難求，讓上述三間公司也有不錯的營收。相對於台灣在疫情期間的逆勢成長，台商在新世紀前期大量進駐的中國，卻因疫情及中美貿易戰關係，經濟出現疲弱，台商也紛紛轉移陣地至東南亞或返台。

整體而言，在疫情期間，不僅全世界有極大轉變，台灣的產業從世紀初的全面西進，到疫情期間的全球搶購台灣晶片，台商回流台灣，也有相當程度改變。但從世紀初就開始爭吵不休的環境及能源議題能否解決，下一波台商的全球佈局會落腳何處，都會是台灣社會及產業的未來挑戰。

參考書目

王宏仁、李廣均、龔宜君主編，《破戒－流動與堅持的台灣社會》（台北：群學，2008年）。

王御風，《波瀾壯闊：台灣貨櫃運輸史》（台北：遠見天下，2016年）。

王御風，《台灣選舉史》（台中：好讀，2016年）。

管中祥主編，《公民不冷血》（台北：紅桌文化，2013年）。

克里斯·米勒（Chris Miller）著，洪慧芳譯，《晶片戰爭》（CHIP WAR: The Fight for the World's Most Critical Technology）（台北：天下，2023年）。

任雪麗（Shelley Rigger）著，《從MIT到中國製造：台灣如何推動中國經濟起飛》（The Tiger Leading the Dragon: How Taiwan Propelled China's Economic Rise）（台北：春山，2023年）。

小笠原欣幸著，李彥樺譯，《台灣總統選舉：台灣認同的成長與爭奪》（台北：大家，2021年）。

國家圖書館出版品預行編目資料

圖解台灣史【更新版】／王御風著.
——四版.—— 臺中市　　：好讀，2024.05
面：　公分，——（圖說歷史；30）

ISBN 978-986-178-695-7(平裝)

1.CST: 臺灣史

733.21　　　　　　　　　　　　112020015

好讀出版
圖說歷史 30

圖解台灣史【更新版】

作　者／王御風
總編輯／鄧茵茵
文字編輯／林碧瑩、莊銘桓、鄧語萲
美術編輯／鄭年亨
發行所／好讀出版有限公司
台中市 407 西屯區工業 30 路 1 號
台中市 407 西屯區大有街 13 號（編輯部）
TEL:04-23157795 FAX:04-23144188 http://howdo.morningstar.com.tw
（如對本書編輯或內容有意見，請來電或上網告訴我們）
法律顧問／陳思成律師

填寫讀者回函
獲購書優惠卷

讀者服務專線／ TEL：02-23672044 / 04-23595819#212
讀者傳真專線／ FAX：02-23635741 / 04-23595493
讀者專用信箱／ E-mail：service@morningstar.com.tw
網路書店／ http://www.morningstar.com.tw
郵政劃撥／ 15060393（知己圖書股份有限公司）
印刷／上好印刷股份有限公司
如有破損或裝訂錯誤，請寄回知己圖書更換

四版／西元 2024 年 5 月 15 日
定價：350 元

西元二○○四年 民國九十三年	西元二○○六年 民國九十五年	西元二○○八年 民國九十七年	西元二○一○年 民國九十九年	西元二○一二年 民國一○一年	西元二○一四年 民國一○三年	西元二○一六年 民國一○五年	西元二○一九年 民國一○八年	西元二○二○年 民國一○九年	西元二○二四年 民國一一三年
319 槍擊案，總統、副總統遭到槍擊。民進黨陳水扁、呂秀蓮連任第十一任中華民國總統、副總統。	紅衫軍反貪腐遊行。	第二次政黨輪替，國民黨馬英九、蕭萬長當選第十二任中華民國總統、副總統。	直轄市由原先的台北、高雄兩市，改為台北、新北、台中、台南、高雄五都。	馬英九、吳敦義當選第十三任中華民國總統、副總統。	三月十八日，抗議黑箱通過《海峽兩岸服務貿易協議》的大批學生從立法院側門進入院區，並佔領議場及主席臺，發生「太陽花學運」。十二月二十五日，桃園縣升格為直轄市。	民主進步黨籍的蔡英文、陳建仁當選中華民國第十四任正、副總統。蔡英文為台灣史上第一位女性總統。	新冠肺炎在中國武漢爆發，旋即影響全球，並造成各地嚴重傷亡。	民進黨蔡英文、賴清德當選中華民國第十五任正、副總統。	民進黨賴清德、蕭美琴當選中華民國第十六任正、副總統。

時期	年代	關鍵事件紀要
中華民國	西元一九八八年 民國七十七年	蔣經國逝世，李登輝繼任總統。
	西元一九九○年 民國七十九年	「野百合三月學運」。李登輝、連戰就任第八任中華民國總統、副總統。
	西元一九九一年 民國八十年	宣布「動員戡亂時期」終止。國民大會代表全面改選，終結「萬年國會」。
	西元一九九三年 民國八十二年	四月在新加坡舉行第一次「辜汪會談」。
	西元一九九四年 民國八十三年	《省縣自治法》、《直轄市自治法》公布實施。年底舉行首屆省長及北、高市長選舉。
	西元一九九六年 民國八十五年	中共於台灣海峽演習，釀導彈危機。台灣地區首次民選總統，李登輝、連戰當選第九任中華民國總統、副總統。
	西元一九九八年 民國八十七年	「凍省」凍結省府組織。
	西元一九九九年 民國八十八年	李登輝提出特殊「兩國論」。
	西元二○○○年 民國八十九年	首次政黨輪替，民進黨陳水扁、呂秀蓮當選第十任中華民國總統、副總統。
	西元二○○二年 民國九十一年	台灣加入 WTO（世界貿易組織）。